"ධම්මෝ හි වාසෙට්ඨා, සෙට්ඨෝ ජනේතස්මිං
දිට්ඨේ චේව ධම්මේ, අභිසම්පරායේ ච."

වාසෙට්ඨයෙනි, මෙලොවෙහි ත්, පරලොවෙහි ත්
ජනයා අතර ධර්මය ම ශ්‍රේෂ්ඨ වෙයි !

- අග්ගඤ්ඤ සූත්‍රය - භාග්‍යවත් බුදුරජාණන් වහන්සේ

චතුරාර්ය සත්‍යාවබෝධයට ධර්ම දේශනා

දෙව් ලොව උපත රැකවරණයකි

පූජ්‍ය කිරිබත්ගොඩ ඤාණානන්ද ස්වාමීන් වහන්සේ

ISBN : 978-955-687-059-6

ප්‍රථම මුද්‍රණය	:	ශ්‍රී බු.ව. 2559 ක් වූ පොසොන් මස පුන් පොහෝ දින
සම්පාදනය	:	මහමෙව්නාව භාවනා අසපුව වඩුවාව, යටිගල්ඔළුව, පොල්ගහවෙල. දුර : 037 2244602 info@mahamevnawa.lk | www.mahamevnawa.lk

පරිගණක අකුරු සැකසුම, පිටකවර නිර්මාණය සහ ප්‍රකාශනය :
මහාමේඝ ප්‍රකාශකයෝ
වඩුවාව, යටිගල්ඔළුව, පොල්ගහවෙල.
දුර : 037 2053300, 0773216685
mahameghapublishers@gmail.com

මුද්‍රණය	:	ලීඩ්ස් ග්‍රැෆික්ස් (පුද්.) සමාගම, අංක 356 E, පන්නිපිටිය පාර, තලවතුගොඩ.

චතුරාර්ය සත්‍යාවබෝධයට ධර්ම දේශනා....

දෙව් ලොව උපත රැකවරණයකි

අලුත් දහම් වැඩසටහන

3

පූජ්‍ය කිරිබත්ගොඩ ඤාණානන්ද ස්වාමීන් වහන්සේ
විසින් පොල්ගහවෙල මහමෙව්නාව භාවනා අසපුවේ අලුත් දහම් වැඩසටහනේ දී සිදු කළ ධර්ම දේශනා ඇසුරිනි.

මහාමේඝ
MAHAMEGHA
ප්‍රකාශනයකි

පෙළගැස්ම....

නමෝ තස්ස භගවතෝ අරහතෝ සම්මාසම්බුද්ධස්ස
ඒ භාග්‍යවත් අර්හත් සම්මා සම්බුදුරජාණන් වහන්සේට නමස්කාර වේවා!

01.
උදේ වරුවේ ධර්ම දේශනය...
(අම්බසක්ඛර ප්‍රේත වස්තුව ඇසුරින්...)

ශ්‍රද්ධාවන්ත පින්වත්නි,

මාසිකව කරනු ලබන මේ දහම් වැඩසටහනෙන් අපි ඉගෙන ගන්නේ අපේ ජීවිතයට යහපත උදාකරග න්ට උපකාරී වන ධර්මයයි. මනුස්ස ලෝකෙ ඉපදිලා අපි තේරෙන වයස එනකොට අපි හැමෝටම දියුණු වෙන්න ඕනා කියලා ආසාවක් ඇතිවෙනවා නේද? සාමාන්‍යයෙන් මැටි ගෙයක් හදාගෙන ඉන්න එක්කෙනෙකුට මොකක්ද ඇතිවෙන ආසාව? ගඩොලින් හොඳට ගෙයක් බැඳගන්න. බිමට සිමෙන්ති දාලා තියෙන කෙනෙකුට ඇතිවෙන ආසාව මොකක්ද? ටයිල් ටිකක් අල්ලගන්න. සාමාන්‍ය වැසිකිළියක් තියෙන කෙනෙකුට ඇතිවෙන ආසාව මොකක්ද? හොඳ බාත්රූම් එකක් හදාගන්න. සයිකලේ යන එක්කෙනෙකුට ආසාව මොකක්ද? ඊට වඩා හොඳ වාහනයක් ගන්න. පාරේ තියෙන්නේ නිකම් මැටි නම් ඒ පාරේ දෙපැත්තේ ඉන්න අයට තියෙන ආසාව මොකක්ද? පාරට තාර දාගන්න. ගමට ලයිට් නැත්නම් තියෙන ආසාව මොකක්ද? ලයිට් අරගන්න.

දැන් ඒ පැත්ත දියුණුයි....

අපි කියමු හැම ගෙයක් ම හොඳට හදලා, සිවිලිම් ගහලා, ටයිල් අල්ලලා, වාහනත් තියෙනවා, පාරත් හොඳයි, ලයිටුත් අරන්. එතකොට අපි ඒ පැත්ත මොකක් කියලද කියන්නෙ? 'දැන් ඒ පැත්ත දියුණුයි' කියලා නේද? මිනිස්සු ආසයි දියුණු වෙන්න. හැබැයි මරණින් මත්තෙත් ඒ වගේ හොඳ තැනකට යන්න ආසාවක් තිබ්බොත් නේද ඒ ආසාව හරි වෙන්නේ?

ඇයි දැන් ජීවත් වෙලා ඉන්දෙද්දි දියුණු වෙන්න ආස කෙනා මැරුණාට පස්සේ එහෙම ආසාවක් එයාගෙ නැත්නම් 'මට මැරුණාට පස්සේ මීට වඩා හොඳ දියුණුවක් ඇත්නම් හොඳයිනෙ, මට මැරුනට පස්සේ මීට වඩා යහපත් විදිහට ඉන්න ඇත්නම් හොඳයිනෙ, මීට වඩා සැපවත් ව ඉන්න ඇත්නම් හොඳයිනෙ' කියලා කල්පනාවක් ආවොත් ඒ කල්පනාවෙන් එයාට මොකක් ලැබේවිද?

මගේ උත්සාහය සාර්ථකයි....

අපි කියමු ඔන්න ගෙදරක බිමට සිමෙන්ති දාලා තියෙනවා. එතකොට ඒ අම්මාට හිතෙනවා මේ ගේ ටයිල් අල්ල ගත්තොත් හොඳයි. තාප්පෙ බැඳගත්තොත් හොඳයි. ගේ ටිකක් ලොකු කරලා හදාගත්තොත් හොඳයි. සමහරවිට ඒ නිසාම එයා ළමයින්වත් දාලා සැමියවත් දාලා ඔය කොහේ හරි රටකට පනිනවා. පැනලා දහ දුක් විඳිනවා. විඳලා බොහොම අමාරුවෙන් කීයක් හරි හොයාගෙන මෙහෙට එවනවා.

එතකොට ඒකෙන් ඒ ස්වාමියා ඒ සල්ලි නාස්ති කරන්නෙ නැතුව, ඒ සල්ලි වලින් ටයිල් අල්ලලා, ගේ ලොකු කරලා හදලා, ළමයින්ටත් උගන්නලා, ඒ අම්මා එන වෙලාවට එහෙම තිබුනොත් ඒ අම්මා ගොඩාක් සතුටු වෙන්නෙ නැද්ද? ඒ අම්මා ගොඩක් සතුටු වෙනවා 'මගේ උත්සාහය සාර්ථකයි' කියලා.

පරණ තත්වයටම තිබුනොත්....

ගිහිල්ලා එද්දී පරණ තත්වයටම තිබුනොත්, තවත් ණය තුරුස් වෙලා තිබුනොත්, සැමියා පරණ ආදරේ නැතුව හිටියොත්, ළමයිනුත් විනාශ වෙලා තිබුණොත්, ඒ අම්මා ආවට පස්සේ පිස්සියක් වගේ හැසිරේවි නේද? 'මම පිටරට ගිහිල්ලා, මහන්සි වෙලා, වළං හෝදලා හෝදලා ඇවිල්ලා මේකද මට ලැබිච්ච තෑග්ග?' කියලා කල්පනා කරන එකක් නැද්ද? කල්පනා කරාවි. ඒ වගේම මැරුණට පස්සේ මනුස්සයෙකුගේ ජීවිතයේ මොකක්ද වෙන්නේ කියලා අපි දන්නෙ නෑ. නමුත් මේකට හොඳ සාධක තියෙනවා. ඒ සාධක කීපයක් තමයි අද අපි මේ කතා කරන්න බලාපොරොත්තු වෙන්නේ.

දැන් ඔබ කියන්න බලන්න අපි කරන දේවල් කවුද අරන් යන්නෙ? තමන් අරන් යනවා. තමන් අරන් ගියාට තමන් ඒක අරගෙන යන්නේ කොහේද කියලා තමන් දන්නෙ නෑ. මේ ගැන හොඳ විස්තරයක් තියෙන කතාවක් තියෙනවා. මේ ඔක්කොම බුදුරජාණන් වහන්සේගේ ධර්මයෙන් අපිට ලැබිච්ච දේවල්. අපි කලින් වතාවේ බුදුරජාණන් වහන්සේගේ දසබල ඤාණ තෝරලා දුන්නේ.

අම්බසක්ඛර ලිච්ඡවී රජතුමා....

දැන් මේ කතාවේ අපි ඉගෙන ගන්නේ තමන් කරන දේ තමන් අරගෙන යන හැටි. තමන් කරන දේ තමන් අරගෙන යනවා කියන කාරණය අපේ හිතට දැඩි ලෙස කාවද්දගන්න ඕන එකක්. ඒක බුරුලට ගන්න ඕන එකක් නොවෙයි. අපි ඒක දැඩි ලෙස හිතට කාවද්දගත්තොත් අපිට ටික ටික යහපත් දේවල් ගොඩ නගාගන්න පුළුවන් වේවි.

විසාලා මහනුවර අම්බසක්ඛර කියලා රජෙක් හිටියා. ඔබ දන්නවා විසාලා මහනුවර හිටිය මිනිස්සුන්ට අපි නමක් කියනවා. මොකක්ද ඒ? ලිච්ඡවී. මේ ලිච්ඡවීන්ගේ රාජධානියේ රජවරු ගොඩක් හිටියා. එක රජෙක් තමයි අම්බසක්ඛර කියන්නේ. ඉතින් මේ රජ්ජුරුවෝ ටිකක් මනමාලයි. රජකමත් එක්ක මනමාලකමත් ඉහට ගැහුවොත් ලස්සන කෙනෙකුට පාරේ බැහැලා යන්න පුළුවන් වේවිද? බෑ. ආන්න ඒක ඒ කාලෙත් වුනා.

අන්සතු කතකට පෙම් බැඳි රජු....

ඒ රජ්ජුරුවෝ නගරය ප්‍රදක්ෂිණා කරද්දී වැරදීමකින් කාන්තාවකට ජනේලයේ තිරය අයින් කරලා බැලුනා. රජ්ජුරුවොත් ඇතා පිට ඉඳලා ඔළුව හරවලා බලද්දී මූණට මූණ මුලිච්චි වුනා. එතකොට අර ස්ත්‍රිය ඉක්මනින් තිරේ වැහුවා. රජ්ජුරුවන්ගේ හිතේ ෆොටෝ එක වැටුනා. රජ්ජුරුවෝ මාලිගාවට ගිහින් කිව්වා 'මං ගෑණියක් දැක්කා. බලාපං බැඳලද නැද්ද කියලා' ඉතින් සේවකයෝ ගිහින් ඔත්තු හොයාගෙන ඇවිල්ලා කිව්වා බැඳපු එකියක්ය කියලා.

රජ්ජුරුවෝ ඊට පස්සේ කල්පනා කළා එහෙනම් මිනිහව මරවන්න ඕනෙ. ඒ කාලෙත් එහෙම කරනවා ඒවා. ඊට පස්සේ මිනිහට අඬගැහුවා රජ්ජුරුවෝ. අඬ ගහලා රාජ සේවයට ගත්තා. අරගෙන කිව්වා ඒ රජ්ජුරුවන් ඉන්න තැන ඉඳලා යොදුන් තුනක දුර ප්‍රමාණයක් ඇතින් පොකුණක් තියෙනවා. යොදුනක් කියන්නේ කිලෝමීටර් දහයයි. එතකොට කොච්චර දුරද පොකුණට. කිලෝ මීටර් තිහයි.

රාජ්‍ය බලය අනිසි ලෙස....

රජ්ජුරුවෝ නියෝගයක් දුන්නා අර මිනිහට 'නුඹ මේ දැන්ම ගොහින් අර අසවල් පොකුණෙන් මල් නෙළාගෙන හවස් වෙන්න කලින් වරෙන්' කියලා. ඒ පොකුණ රකුසෝ අධිගෘහිත තැනක්. බිල්ලට දෙන්නත් එක්කයි මේ පිටත් කරන්නේ. ඊට පස්සේ මෙයා දුවගෙන ගිහිල්ලා ගෙදරින් බත් පොඩ්ඩක් කාලා දැන් ආයෙත් දුවනවා. කිලෝමීටර් තිහක් දුවන්නත් ඕනනේ. යන්නත් ඕනෙ. එන්නත් ඕනෙ. මෙයත් අහලා තියෙනවා මේ පොකුණේ යකෙක් ඉන්නවා කියලා. දැන් මෙයා ගිහින් පොකුණ වටේ යනවා බහින්නෙ නැතුව. දැන් මලුත් තියෙනවා.

යකාට අනුකම්පා හිතුනා....

බලන්න මනුස්සයෙකුට නැති ගුණ යකුන්ට ඇති වෙනවා. යකා සීයා කෙනෙකුගේ වේශයෙන් ඇවිල්ලා ඇහුවා. 'මොකද ළමයෝ මේ පොකුණ වටේ ඇවිදින්නේ?' 'අනේ.... මට මේ මල් කඩාගන්න විදිහක් නැතුව සීයේ' 'ආ.. හිටපං. මං කඩා දෙන්නම්' කියලා මල් ටික කඩලා

දුන්නා. යකාම දුන්නා කඩලා. දැන් අරගෙන ආයෙ දුවගෙන එනවා. එද්දී රජ්ජුරුවො කිව්වා 'මේකා ආයෙ එන්න පුළුවනි. වේලාසනින් ගේට්ටු වහපං' කිව්වා.

දැන් මේ තරුණයා මල් ටික අරන් දුවගෙන එද්දී දොරටුපාලයෝ මොකද කරන්නේ? ගේට්ටුව වහනවා. දැන් අර මනුස්සයා කෑගහලා අඬන්න ගත්තා 'දැන් මට හරි වැඩේ වෙන්නේ.... මට රජතුමා මරණ දඬුවම දේවි.... මට ගේට්ටු වහන්න ඉස්සෙල්ලා එන්න කිව්වා.... දැන් ඔන්න මං ආවා....' මෙතන සාක්කිකාරයෝ හැටියට බලද්දී මෙයා අපූරු දෙයක් දැක්කා.

සාක්කිකාරයා හැටියට අමනුස්සයෙක්....

ඒ කිට්ටුව උල තියාපු මනුස්සයෙක් ඉන්නවා. ඒ මනුස්සයා කෙඳිරි ගගා ඉන්නවා. මෙයා ගියා ඒ උලේ ඉන්න මනුස්සයා ගාවට. ගිහිල්ලා කිව්වා 'මේ ඕයි.... මං රජතුමාගේ අණ පරිදි මේ නෙළුම් මල් ටිකක් අරගෙන ආවා. මම වෙලාවට ආපු බවට තමුසෙ සාක්කි' එතකොට ඒ මනුස්සයා කියනවා 'මං මේ දැන් මැරේවිදැයි දන්නෙ නෑ. මාව සාක්කිකාරයෙක් කරන්න එපා. අමනුස්සයෙක් එනවා මෙතන්ට රෑ වෙද්දි. ඒ අමනුස්සයාව සාක්කි කාරයෙක් කරාපං' කිව්වා. එතකොට මෙයා ආපහු නොයා එතන රැඳිලා හිටියා. දැන් ගේට්ටුව වහලා. හෙට තමයි උදේ දඬුවම් ලැබෙන්නේ.

ඉතින් රාත්‍රී වෙද්දී මේං සුදු පාට අශ්ව කරත්තයක නැගලා අමනුස්සයෙක් එනවා. ඇවිල්ලා අර උල ඉන්න මනුස්සයාට කියනවා 'දැන්ම මැරෙන්න එපා.... දැන්ම මැරෙන්න එපා.... ජීවත් වෙයං.... ජීවත් වෙයං....' කියනවා.

කාටද කියන්නේ? උල ඉන්න මනුස්සයාට කියන්නේ. එතකොට උල ඉන්න මනුස්සයා කිව්වා 'මේ මෙතන මිනිහෙකුත් ඉන්නවා. මේ මිනිහා ගැනත් බලාපං' කිව්වා. එතකොට අරයා කියනවා 'අනේ... මාවත් දැන් හෙට මරණයට නියම වෙනවා. මං මේ වරදක් කොළේ නෑ. මට මෙහෙම රාජඅණක් ලැබුනා මල් අරගෙන එන්න කියලා. මං වෙලාවට ආවා. නමුත් ගේට්ටු වැහුවා. මගේ අතේ වරදක් නෑ කියලා අනේ දේවතාවුන් වහන්ස, සාක්කියක් හැටියට කියනවාද තමුන්නාන්සේ මේක' කියලා ඇහුවා. හාය කිව්වා. එතනම හිටියා.

උදේ ගේට්ටු ඇරියා....

රජ්ජුරුවන්ට හරි සන්තෝසයි දැන්. 'ආ... වර ඇතුළට' කිව්වා. 'මේකව මරන්න දාපං.... මේකා රජ අණ කඩ කළා' කිව්වා. 'නෑ... නෑ... මං රජ අණ කඩ කළේ නෑ. මං වෙලාවට ආවා. මං වෙලාවට ආපු බවට සාක්කිකාරයෝ ඉන්නවා' කිව්වා. කවුද කියලා ඇහුවා සාක්කිකාරයෝ. සාක්කිකාරයෙක් ඉන්නවා එයා මනුස්සයෙක් නෙමෙයි කිව්වා. රජ්ජුරුවො එතකොට ටිකක් තක්කු මුක්කු වුනා.

රජ්ජුරුවෝ ඇහුවා 'කවුදෑ උඹගේ මනුස්සයෙක් නොවන සාක්කිකාරයා?' ඊට පස්සේ කිව්වා 'අර උල හිඳවලා වැරදිකාරයෙක් ඉන්නවා. එයා ගාවට රෑට අමනුස්සයෙක් එනවා. ඇවිල්ලා කියනවා මැරෙන්න නම් එපා... මැරෙන්න නම් එපා... ජීවත් වෙයං... ජීවත් වෙයං... කියලා. අන්න එයා තමයි සාක්කිකාරයා' කිව්වා. එතකොට රජ්ජුරුවෝ ඇහුවා 'කොහොමද එතකොට මේ සාක්කිකාරයා මං මුණ ගැහෙන්නේ?' රෑට කිව්වා.

මැරෙන්න එපා.... ජීවත් වෙයං....

එහෙනම් හිටපං කියලා මෙයාවත් හිර කළා. ඔන්න දැන් රෑ වුනා. මේ පුද්ගලයාවත් අරගෙන රජ්ජුරුවෝ අර උලේ ඉන්න මනුස්සයා ගාවට ගිහින් ඉන්නවා. දැන් ඔන්න අර අමනුස්සයා ආවා. ඇවිල්ලා කියනවා අර උලේ ඉන්න එක්කෙනාට 'ජීවත් වෙයං.... ජීවත් වෙයං.... ජීවිතයමයි ශ්‍රේෂ්ඨ' කියලා. එතන ඉඳලා තමයි මේ ප්‍රේත වස්තුවේ විස්තරේ තියෙන්නේ. මේ අම්බසක්ඛර කියන රජ්ජුරුවෝ ගිහිල්ලා අර උල හිඳවපු මනුස්සයා දිහා බලාගෙන මෙහෙම කියනවා.

"මේ පුද්ගලයාට නින්දක් නෑ. වාඩි වීමක් නෑ. ඇවිදීමක් නෑ. ආහාර පාන ගැනීමක් නෑ. මෙයාට උදව් කරන්න කවුරුත් නෑ. මේ පුද්ගලයා මනුස්ස ලෝකෙ ඉන්නැද්දී ඕනතරම් නෑදෑයෝ හිටියා. මිත්‍රයෝ හිටියා. දැන් ඒ කවුරුත් නෑ. ජනයා විසින් මේ පුද්ගලයාව අත්හැරලා දාලා. (ඇයි කවුරුත් බයයිනෙ කියන්න මෙයා අපේ එක්කෙනෙක් කියලා) ධනයෙන් පිරිහුනු කෙනෙකුට යාළුවෝ නෑ.

සල්ලි තියෙනව නම් මිතුරෝ ඕනතරම්....

විනාශයට පත්වෙච්ච ගමන් මිතුරන්ට දැනගන්න ලැබුනාද මෙයා කරදරේ වැටුනා කියලා එදාට මිතුරොත් නෑ. එදාට ඒගොල්ලෝ ඔක්කොම එයාව අත්හරිනවා. යමෙකුට සල්ලි බාගේ ලැබුනා කියලා ආරංචි වෙච්ච ගමන් මිතුරෝ ඕනතරම් පිරිවරාගෙන ඉන්නවා. ධන සම්පත් වලින් දියුණු වුන අයට ඕනෑතරම් යාළුවෝ ඉන්නවා. (දැන් මේ ප්‍රකාශය කරන්නේ අවුරුදු දෙදාස්

පන්සීයකට කලින්. එතකොට ඒක අදටත් වලංගු නැද්ද? අදටත් මනුෂ්‍යයන් තුළ ඒ ගතිය තියෙනවා)

සියලු සම්පත් වලින් පිරිහිලා හීන බවට පත්වුනාට පස්සේ දුකින් ඉන්න තියෙන්නේ. ලේ වැකුණු ශරීරයක් ඇතුව තමන්ගේ ශරීරයේ ඇතුලාන්තය කැඩී බිඳී යද්දී මේ ජීවත් වෙන්නේ. තණ අග රැඳුන පිනි බිඳුවක් වගෙයි මේ ජීවිතේ. රෑ උදේ කියලා කතාවක් නෑ. කොයි වෙලාවෙද දන්නෙ නෑ. මොහු බොහෝම දරුණු දුකකට පත්වෙලා ඉන්නේ. කොහොඹ උලක තමයි නග්ගලා තියෙන්නේ. එම්බා යක්ෂය, එහෙම කෙනෙකුට ඇයි ඔබ 'ජීවත් වෙයං.... ජීවත් වෙයං.... ජීවිතයමයි ශ්‍රේෂ්ඨ' කියලා මේ විදිහට කියන්නේ?" කියලා ඇහුවා.

මාමයි බෑනයි....

එතකොට අර භූතයා කියනවා 'රජතුමනි, මේ ඉන්න පුද්ගලයා මගේ ලේ ඥාතියෙක්' කියනවා. ඒ කතන්දරේ මෙහෙමයි. දැන් මේ උලේ ඉන්දලා ඉන්නේ බෑනා. භූතයා වෙලා ඉන්නේ මාමා. එතකොට මාමා විසාලා මහනුවර කඩයක් කළා. කඩයක් කරද්දී ඒ කඩේ ඉස්සරහ පාරේ වතුර වලක් තිබුනා. ඒ කාලේ ඉතින් මැටි පාරවල් නෙ. ඉතින් ඔය වතුර වල තියෙන පාරේ රහතුන් වඩින්නෙ නැද්ද? මාර්ගඵල ලාභී උපාසක උපාසිකාවරු යන්නෙ නැද්ද? යනවා.

නමුත් මේ වෙළෙන්දා එච්චර විස්තරයක් දන්නෙ නෑ. මේකෙන් කාටහරි මඩෙන් බේරිලා යන්න කියලා ඒ කිට්ටුව තිබුනා හරකෙකුගේ ඔළුවක් සුදුපාට වෙච්ච. මේ ඔළුව අර මඩවලේ තිබ්බා. සාමාන්‍යයෙන් අපි මඩ

වලවල් වල ගඩොල් කෑලි තියන්නෙ පැනලා යන්න. ඒ වගේ ඒකට ගොඩ වෙලා යන්න තිබ්බා. ඒක කරපු පිනක්. මෙයා ඒ විස්තරේ ඔක්කොම කියනවා. ඒ අතරේ මෙයා එක දෙයක් කළා. මේ වෙළෙන්දා ක්‍රෝධ කළේ නෑ.

දෙන්නටම මරණ දඬුවම....

හැබැයි බෑනා එක එක්කෙනාගේ බඩු හොරකම් කරගෙන එනවා. මිනිස්සු නාද්දි, වැඩපල කරලා ඇඳුම් ගලවලා තියද්දී, මෙයා ඒවා උස්සනවා. හොරකම් කරගෙන ඇවිල්ලා ඒවා කඩේ විකුණනවා. ඒක ඔන්න ආණ්ඩුවට අහුවුනා. අහුවෙලා මාමයි බෑණයි දෙන්නා හිරේට ගත්තා. බෑනව උල තිබ්බා. මාමණ්ඩියගේ හිස ගසා දැම්මා. ඒ හිස ගසා දාපු මාමා තමයි අර භූතයා වෙලා බෑණා ළඟට එන්නේ.

මේ භූතයා රජතුමාට කියනවා "රජතුමනි, මේ මගේ ලේ ඤාතියෙක්. මට අනාගතයේ වෙන්න තියෙන දේවල් පේනවා. මට මේ පුද්ගලයා දැකලා මහා අනුකම්පාවක් ඇතිවුනා මේ පුද්ගලයා නිරයේ වැටෙන්න එපා කියලා" ඇයි දැන් මේ අමනුස්සයාට පේනවා බෑනා මැරිච්ච ගමන් නිරයේ යනවා. එතකොට නිරයේ යන එක වළක්වගන්න මෙයාට මුකුත් කරගන්න තේරෙන්නෙ නෑ. මෙයා මොකක්ද කියන්නේ? ජීවත් වෙයං... ජීවත් වෙයං... මැරෙන්න එපා... මැරෙන්න එපා... ජීවිතය ශ්‍රේෂ්ඨයි... කිය කිය එයාගෙ හිතේ හයිය වැඩි කර කරලා දෙනවා. එච්චරයි මෙයා කරන්නේ. මෙයාට වෙන කරගන්න දෙයක් නෑ.

නිරා දුකට වඩා දහස් ගුණයක් උතුම් මේ උල උඩ ඉන්න එක....

"රජතුමනි, මේ කෙනා මෙතනින් චුත වුනහම සත්තුස්සද කියල නිරයක් තියෙනවා. ආන්න ඒ නිරයේ උපදින බව මට පෙනුනා. ඒ නිරයේ උපන්න අය මහ භයානක දුකට පත්වෙලා විඳවනවා. ඒ භයානක දුකට වඩා දහස් ගාණක් උතුම් මේ උල උඩ ඉන්න එක" දැන් මේ රජ්ජුරුවන්ට මේක මෙයා කියන්නේ හොරෙන්. දැන් මේක ඇහෙන්නෙ නෑ උල උඩ ඉන්න එක්කෙනාට.

ඊට පස්සේ කියනවා "රජතුමනි, මං මේක තමුන්නාන්සේට මේ පැත්තකට අඬගහලා කියන්නේ. මොකද මේ කතාව මුන්දැට ආරංචි වුනොත්, දැනගත්තොත් මුන්දැ දැන් මැරෙනවා. (ඇයි භය වෙච්ච ගමන් මැරෙනවනෙ) මම මේ මනුස්සයාගේ පණ කෙන්ද රැකගන්න හදන්නේ නිරයට යන එකෙන් වළක්වග න්නයි" ඊට පස්සේ ඒ රජ්ජුරුවෝ කියනවා "හොඳයි... මං මේ පුරුෂයාගේ අනාගතෙත් දැන් ඔබෙන් තේරුම් ගත්තා. මං ඒ ගැන සතුටුයි. හැබැයි මම කැමතියි තවත් විස්තර අහන්න. අපි මේ ගැන අහනවා කියලා ඔහේ අමනාප වෙන්න එපා" රජ්ජුරුවෝ කාටද මේ කියන්නේ? භූතයාට.

මාමා තුළ ගුණධර්ම තිබුනා....

එතකොට භූතයා කියනවා මෙහෙම. "මගේ හිතේ දැඩි ප්‍රතිඥාවක් තිබුනා පැහැදිලා නැති කෙනෙක්ට මං මේවා කියන්නේ නෑ කියලා. හැබැයි දැන් මං අකමැති වුනත් ඔබ මගේ කතාව විශ්වාස කරනවා. ඒ නිසා

කැමති දෙයක් අහන්න මං තේරෙනවා නම් කියන්නම්" ඊට පස්සේ රජ්ජුරුවෝ කියනවා "මං මේ ඇස් දෙකෙන් දැකපු දේ, මං කොහොමද මේක ප්‍රතික්ෂේප කරන්නේ? ඔබ සුදු අශ්වයන් යෙදූ අලංකාර රථයකින් මේ ආවේ. මේ අද්භූත වාහනයක් ඔබ පාවිච්චි කරනවා. ඔබට මේක ලැබුනේ කොහොමද?"

එතකොට කියනවා "රජතුමනි, මගේ කඩේ ඉස්සරහ මඩ වලක් තිබුනා. මං මේ මඩ වලෙන් කවුරුහරි කෙනෙක් සුවසේ යත්වා කියලා සුදු වෙලා ගිය ගවයෙකුගේ හිස් කබලක් එතන තිබ්බා මිනිස්සුන්ට පැනලා යන්න" ගෙවල් ඉස්සරහ කොච්චර මඩ වලවල් තියෙනවාද හැබෑට? කටු පඳුරු පාරට වැටිලා කොච්චර තියෙනවාද? කාටවත් වගක්වත් තියෙනවද? ඕක අස්කරන්න බැරිද ගෙදර අයට? අනේ සුවසේ මේ මිනිස්සු යත්වා කියලා හිතලා.

ඔක්කොම ආණ්ඩුවෙන් කරනකම් බලන් ඉන්නවා....

දැන් බලන්න අද අපේ කල්පනාව කොච්චර වෙනස්ද? 'ඒවා ආණ්ඩුවෙන් කරන ඒවනේ. අපි මොකටෙයි ඒකට අත දාන්නේ' එහෙම කල්පනා කරනවද නැද්ද අපි? කල්පනා කරනවා. දැන් මේ මනුස්සයා අර විදිහට කල්පනා කරලා පොඩි දෙයක් කළේ. ඊට පස්සේ කියනවා "එතකොට ඒ හිස්කබලට පය තියලා තමයි අපිත් අනිත් අයත් ඒ පාරේ ගියේ. (ඊට පස්සේ ඒ භූතයාම මේ අශ්ව කරත්තෙ පෙන්නනවා) මේ බලන්න මේක හරී ලස්සනයි නොවැ. මේ විපාකය ආන්න ඒකට ලැබුන එකක්" කියනවා.

මේ කාලෙ නම් එහෙම ලැබෙන එකක් නෑ. මේ කාලෙ රහතුන් කොහෙද පාරවල් වල යන්නෙ. මාර්ගඵලලාභීන් කොහෙද යන්නෙ. රටටම බැන බැන යන අයනෙ ඉන්නේ පාරේ. අනුන්ගේ දේවල් දැකලා හූල්ල හූල්ල 'අරුන්ට හරි ගිහිල්ලා තියෙන හැටි. නොදකිං....' එහෙම කිය කියනෙ යන්නේ.

අනුන්ගේ දියුණුව දැකලා සතුටු වෙන්න බෑ....

දැන් කියන්න බලන්න ඉරිසියා කරන කෙනෙකුගේ ඒ ඉරිසියාව වැඩ කරන්නෙ කොහෙද? හිතේ. හිත වැඩ කරන්නෙ කොහෙද? ඇසේ, හිත වැඩ කරන්නෙ කනේ, නාසයේ, දිවේ, කයේ, මනසේ. ඉරිසියාව හිතේ වැඩ කරන එක්කෙනාගේ ඒ හිත වැඩ කරන්නේ ඇස, කන, නාසය, දිව, කය, මනසේ. ඉරිසියාව ඇසේ වැඩ කරනකොට මොකද වෙන්නේ? මනුස්සයෙක් එක වළල්ලක් දාගෙන යනකොට ඉරිසියාකාරයට පේන්නෙ කොහොමද? අර පෙරේතියක් මනුස්ස ලෝකෙ ඉන්දෙද්දී ඒ තමන්ගේ ඥාතියාට ඉරිසියා කරපු හැටි මට අහන්න ලැබුනා.

ඒ පෙරේති කියනවා 'හප්පේ අරකී.... මේ මැණික් කටුවේ හිටන් මේ උරහිස් මුදුනට වළලු පුරෝලා' කියනවා. එක වළල්ලයි දාගෙන ඉන්නේ. ඉරිසියා එක්කෙනාට ඇහැට පේන්නේ කොහොමද? අත පිරෙන්න වළලු දාලා වගේ. කොහේට හරි සෙනඟ යනවා නම් (දහ පහළොස් දෙනෙක් යනවා ඇත්තේ) ඉරිසියා කරන කෙනෙකුට ඇහැට පේන විදිහ කොහොමද? 'අන්න... සූ ගාලා යනවා... ලක්ෂ ගණන් යනවා....' මිනිස්සු එහෙම කියනවා අහලා නැද්ද?ආන්න ඒ ඉරිසියාකාර ඇසට එහෙමයි පේන්නේ.

ඉරිසියාව වැඩකරන හැටි....

තව ඒ පෙරේති කියනවා 'ඒකිගේ ගව පට්ටියේ මේ පෝයට එක පැටියෙක් පැටව් ගහනවා. ඊළඟ පෝයට තව පැටියෙක් පැටව් ගහනවා. මෙහේ ඉඳලා අර කොණටම හරක් පැටව්' එහෙම නෑ හරක් පට්ටි ලංකාවේ. ඒ මොකක්ද ඒ? අර ඉරිසියාකාර ස්ත්‍රිය බලපු විදිහ. ඊළඟට කවුරුහරි ගෙයක් හදනවා. 'බලන්න එපායැ අරුන් හදන ගේ විශාල... මහා ගෙවල්...' එහෙම නේ කියන්නේ. අහල නැද්ද එහෙම කියන මිනිස්සු? ඒ ඇහේ වැඩ කරන්නේ ඉරිසියාව.

ඒ ඉරිසියාව කනෙත් වැඩ කරනවා. කනේ වැඩ කරනකොට තව කෙනෙකුගේ දියුණුව අහන්න බෑ. දැන් ඉරිසියාව හොඳටම වැඩ කරනකොට ගොඩනැගිල්ලක් දිහාවත් බලන්නෙ නෑ. අපි කියමු තමන් අසතුටු අකමැති කෙනෙක් ලස්සන ගෙයක් හදලා තියෙනවා කියලා. ඒක දිහා බලන්නෙ නෑ. අහක බලාගන්නවා. මඟුල් ගෙයක් තියෙනවා කියමු තමන් අසතුටු කෙනෙකුගේ ගෙදරක. එදාට එයා යනවා ඈත නෑදෑ ගෙදරකට. ගමේවත් ඉන්නෙ නෑ. ඇයි හේතුව? ලස්සනට ඇඳගෙන මිනිස්සු යනවා ජේනවා. ස්පීකර් දානවා. සද්දෙ ඇහෙනවා. ඊළඟට රතිඤ්ඤා පත්තු කරනවා. ඉතින් කන් වහගන්නයැ. යනවා ඈත ගම් දාලා එතකොට.

ක්‍රෝධ කරන කෙනාට සුළු කරුණක් ඇති....

අදත් මිනිස්සු තුළ එහෙම ඉරිසියාව වැඩ කරනවා. ක්‍රෝධෙත් එහෙමයි. ක්‍රෝධය වැඩ කරන්නෙ කොහොමද?

අපි කියමු බැරි වෙලාවත් තමන් ක්‍රෝධ කරන පුද්ගලයා අසනීපෙකින් කැස්සා පාරේ යද්දි. කහින කොට සෙම ආවා. එතකොට කාරලා පැත්තකට කෙළ ගැහුවා. දැන් මෙයා බලන් ඉන්නවා. 'ආන්.... අරකි දැක්කනෙ. මං දැකපු වෙලාවේ මට කාරලා කෙළ ගැහුවා' මේ අහක යන එකක් බෙදාගන්නෙ කාටද? තමන්ට. අන්න ක්‍රෝධය.

ක්‍රෝධයේ ස්වභාවය තමයි වෙන කෙනෙකුට කියන එකක්, එක්කෝ නිකම් කියන එකක් තමන්ට බෙදාගන්නවා මේ මටයි කිව්වේ, මේ මං ගැනයි කියන්නේ, මට පහර දෙන්නයි මේ කළේ, මට හිංසා කරන්නයි මේක කරන්නේ. මට ගරහන්නයි මේ කෙළ ගැහුවේ කියලා අර අහක යන ඔක්කෝම තමන්ගේ පිඟානට බෙදා ගන්නවා. මේක තමයි ක්‍රෝධයේ හැටි.

බොහෝ පව් රැස්කර ගන්නවා....

එතකොට ක්‍රෝධයත් ඇහේ වැඩ කරනවා. ක්‍රෝධය කනේ වැඩ කරනවා. නාසයේ වැඩ කරනවා. දිවේ වැඩ කරනවා. කයේ වැඩ කරනවා. හිතේ වැඩ කරනවා. මොකක්හරි ස්වභාවික දෙයක් වුණත් හිතන්නෙ නෑ... නෑ... නෑ... මේ කරවලා. ගහක් මැරුනා. මේ අරුන් මොනවහරි කරලා මේ ගහට. එහෙම තමයි බලන්නේ. ක්‍රෝධ කරන එක්කෙනාට ක්‍රෝධය හිතෙන් බැහැර කරනකම්ම මොනවා කළත් පේන්නේ තමන්ට කරනවා කියලයි. එතකොට එයාට බොහෝ පව් රැස්වෙනවා.

ඉතින් රජ්ජුරුවෝ මේ අමනුස්සයාගෙන් අහනවා "එම්බා යක්ෂය, නුඹ මහානුභාව සම්පන්නයි. නුඹේ ශරීරය බබළනවනෙ. නුඹේ ශරීරයෙන් සුවඳක් එනවා.

(සමහර භූතයන්ගේ ශරීර වලින් සුවඳක් එනවා) ඔබ දිව්‍ය ඉර්ධියක් ලබලා වගේ" කියලා මේ රජ්ජුරුවෝ කියනවා. එතකොට මෙයා කියනවා "ඔව් ඉතින් මං ක්‍රෝධ කළේ නැනෙ" මොකක්ද ඒකට හේතුව? ක්‍රෝධ නොකිරීම. ක්‍රෝධ සිත නැතුව සිටීම. මං ක්‍රෝධ කළේ නෑ කියනවා මනුස්ස ලෝකෙදි.

මේ කඩේක මුදලාලි කෙනෙක්....

"හැම තිස්සේම මං ගත කළේ පහන් සිතින්. මං මනුස්සයින්ට නපුරු වචන කිව්වෙ නෑ. මං බොහොම සුන්දර මිහිරි වචන වලින් කථා කළේ" කියනවා. හැබැයි අදටත් සමහර වෙළඳ මහත්තුරු එහෙම අය නැද්ද? ඉන්නවා. වෛද්‍යවරු එහෙම අය නැද්ද? බොහෝම කාරුණිකව කථා කරන අය ඉන්නවා. බොහෝම කාරුණිකව කඩේට බඩු ගන්න එන අයත් එක්ක ආදරෙන් කථා කරන අය ඉන්නවා. එහෙම මිහිරි වචන කථා කරමින් රස්සාවල් කරන අය ඉන්නවා.

"මං බොහොම මිහිරි වචන කථා කළේ. මං බොහොම පහන් සිතින් වාසය කළේ. මගේ මේ ශරීරයේ සුවඳ විහිදෙන්නේ, මගේ ශරීරයෙන් රැස් විහිදෙන්නෙ ඒ නිසා" බලන්න එයා දැනගෙන හිටපු එකක් නෙමෙයි මේක. මොකද එයා වෙළෙන්දෙක්. හැබැයි මේකෙන් තේරෙනවා මේ වෙළෙන්දට හොඳ ගතිගුණ, මනුස්සකම් තිබිලා තියෙනවා.

සෙල්ලමට හරි පවක් කළොත්....

ඊළඟට මෙයාගෙන් අහනවා "ඒ වුනාට ඔබේ ශරීරය වහගන්න එක නූල් පොටක් නැනේ. ඔබ

ඉන්නේ නිරුවත්වනේ" එතකොට මෙයා කියනවා " ඔව්... ඒක මගෙන් වෙච්ච වැරැද්දක්. යාළුවන් නාද්දි මං ඒගොල්ලන්ගේ වස්ත්‍ර හංගනවා. මං ඒක කළේ සෙල්ලමට. මං ඒක කළේ විහිලුවට. නමුත් ඒ නිසා මං දැන් දුක් විඳිනවා. මේ කතාව සත්පුරුෂයො කියලා තියෙනවා නොවැ. සෙල්ලමට හරි පවක් කළොත් ඒකේ විපාක වලට මූණ දෙන්න වෙනවාය කියලා.

දැන් බලන්න රජතුමනි, මේ සෙල්ලමට කරපු එකෙන් මං මෙහෙම විඳවනවා නම් හැබෑවට කරන ඒවායේ විපාක කොයිතරම් දරුණු වේවිද? ඊට පස්සේ කියනවා "යම් පුද්ගලයෙක් දූෂිත වූ අදහස් වලින් යුක්තව (දූෂිත වූ කියන්නෙ අර කියපු ඊර්ෂ්‍යාව මිශ්‍ර වෙච්ච, ක්‍රෝධය මිශ්‍ර වෙච්ච, වෛරය මිශ්‍ර වෙච්ච සිත) ඒ වගේ දූෂිත සිත් වලින් යුතු අය කයින් වචනයෙන් අපිරිසිදු දේ, දූෂිත දේ කරනවා නම් ආයෙ සැකයක් නෑ. මරණින් මත්තේ නිරයේ තමයි" කියනවා.

සුගතියට ගරහනවා....

අද මනුෂ්‍යයාගෙන් වෙන ලොකු වැරැද්දක් මං දකින්නෙ සුගතියට ගරහනවා. දුගතියට ගරහන්නෙ නෑ. දැන් සාමාන්‍යයෙන් ගරහන්න ඕනෙ මොකේටද? දුගතියටයි. 'මම නම් කැමති නෑ ඔය නිරයේ උපදින්න. මම නම් කැමති නෑ ප්‍රේත ලෝකෙ උපදින්න. සතර අපායේ උපදින්න මම නම් කැමති නෑ' එහෙම නෙමෙයි කියන්නේ. 'මම නම් කැමති නෑ දෙවියන් අතර උපදින්න' එහෙම නේද කියන්නේ? අර සතර අපායෙ උපදින එක ගැන වගක් නෑ. නිශ්ශබ්දයි ඒ ගැන.

කියන්න ඕනෙ එහෙම නෙමෙයි නෙ. 'මම නම් කැමති නෑ නිරයේ යන්න. මම නම් කැමති නෑ සතර අපායේ යන්න' එහෙම නෙමෙයි අද ආච්චිලා සීයලා කොලු පැටව් හිටන් කියන්නෙ. මොකක්ද කියන්නෙ? 'දෙවියන් අතර නම් මම යන්න කැමති නෑ. ඔය සැප විඳින්න නෙමෙයි අපි මේ ධර්මය ඉගෙන ගන්නෙ' කියලා ගරහනවා. ඇයි බුදුරජාණන් වහන්සේත් වර්ණනා කරන එකක් සුගතිය කියන්නෙ.

රහත් වෙන්න පින තියෙන කෙනාට විතරයි සුගතිය වර්ණනා නොකළේ....

උන්වහන්සේ සුගතිය සම්බන්ධයෙන් ගරහලා තියෙන්නේ රහත් වෙන පින තියෙන එක්කෙනාව උනන්දු කරවන්නයි. පොදු වශයෙන් උන්වහන්සේ සුගතිය වර්ණනා කළා. ප්‍රශංසා කළා. රහත් වෙන්න පින තියෙන කෙනාව ඒකෙ රැඳෙව්වේ නෑ. ඉතින් දැන් මේ ප්‍රේතයා කියනවා "සුගතියේ උපදින්න ආස කරන, සුගතිය ප්‍රාර්ථනා කරන අය ඉන්නවා. ඒ උදවිය දන් දෙන්න ආසයි. දානෙ දෙන්න කැමතියි. දානයට ඇලුම් කරනවා. අනිත් අයට උදව් උපකාරත් කරනවා. ඒ අය කය බිඳී මරණයට පත්වුනාට පස්සේ ආයෙ සැකයක් නෑ උපදින්නේ සුගතියේ" කියනවා.

එතකොට රජ්ජුරුවෝ අහනවා මේ පෙරේතයාගෙන් (ඒ කාලේ හිටපු රජවරුන්ට ටිකක් මොළේ තියන බව පේනවා) "දැන් ඔබ අපට පින් පව් ගැන කිව්වා නොවැ. මං මේක කොහොමෙයි විශ්වාස කොරන්නේ? පින් කරපු අය සුගතියේ උපදිනවා, පව් කරපු අය නිරයේ උපදිනවා

කියලා මං කොහොමද විශ්වාස කරන්නේ? පින් වල මේ විපාක තියෙනවා, පව් වල මේ විපාක තියෙනවා කියලා මං මොකක් දැකලාද ඕක විශ්වාස කරන්නේ? අනික් ඕක මට විශ්වාස කරවන්නෙ කවුද?"

පින්පව් කියලා එකක් නැත්නම් සුගතිය දුගතිය කියලා එකක් නෑ....

එතකොට මේ භූතයා කියනවා "මේ අහගන්න. පින්වල විපාක පව්වල විපාක මෙහෙමයි කියලා දැකලා හෝ අහලා අදහාගන්න. මේ පින් පව් කියලා එකක් නැත්නම් දුගතිය සුගතිය කියලා එකක් නෑ. සුගතිය දුගතිය කියලා එකක් තියෙන්නේ මේ පින්පව් කියලා එකක් තියෙන නිසා. මේ මනුස්සයන් අතරේ වෙනස්කමක් තියෙන්නෙත් පින්පව් නිසා.

දැන් බලන්න මා විසින් කරගත්තු ලොකු පිනක් මට නෑ. ඒ වගේම රෙදිපිළි, සේනාසන, ආහාරපාන ආදිය දන් දීලා කවුරුහරි මට පින් දෙනවා නම් එහෙම කෙනෙකුත් නෑ. ඒ නිසා නූල් පොටක්වත් නැතුව මං විඳවනවා නෙ" කිව්වා. එතකොට රජ්ජුරුවෝ අහනවා "එහෙනම් එම්බා භූතය, ඔබට යම් ක්‍රමයකින් වස්ත්‍ර ලැබෙනවා නම් එබඳු පිළිවෙළක් මට කියන්න. මං එතකොට ඒක කරලා දෙන්නම්. ඔහේ කියන වචනය මං දැන් විශ්වාස කරනවා"

මුනිගුණ වැණුම....

එතකොට භූතයා කියනවා "බොහෝම හොඳයි ඒ අදහස. මේ ළඟපාත ඉන්නවා හොඳ භික්ෂුවක්.

උන්වහන්සේගේ නම කප්පින. උන්වහන්සේ හැම තිස්සෙම භාවනාවෙන් ඉන්නවා. හරී සීලවන්තයි. උන්වහන්සේට කෙලෙස් වලින් එන දුක් මොකෝවත් නෑ. උන්වහන්සේ රහතන් වහන්සේ නමක්. ඉඳුරන් රැකගෙන ඉන්නවා. ශික්ෂාපද වල හොඳට හික්මෙනවා. උන්වහන්සේ නිවී සැනසුන කෙනෙක්. (මේ බලන්න මේ භූතයො දන්න දේවල් මේ කියන්නේ) උන්වහන්සේගේ ගතිගුණ හරී මොළොක්.

උන්වහන්සේ යහපත දන් දෙනවා. (යහපත දන් දෙනවා කියන්නෙ මොකක්ද? ධර්මය කියනවා) උන්වහන්සේ සොඳුරු වචන කියනවා. සියුමැලි වචන කියනවා. හොඳට බණ දන්නවා. අවබෝධයෙන් ම කතා කරනවා. පින් කෙතක්. උන්වහන්සේ දෙවියන්ගේ මිනිසුන්ගේ පූජාවන්ට සුදුසුයි. (උන්වහන්සේගේ ගුණ දැන් ඔක්කොම කියන්නේ) උන්වහන්සේ හරි ශාන්තයි. උන්වහන්සේ තුළ කිසි දුකක් නෑ. ආසාවක් නෑ. උන්වහන්සේ කෙලෙස් හුල් ඉවත් කරල ඉන්නේ. මමත්වයක් නෑ අවංකයි.

අමනුස්සයෝ දන්න දේවල්....

උන්වහන්සේ තුළ කෙලෙස් ගැන සිතිවිලි නෑ. ත්‍රිවිද්‍යාව ම ලබලා නුවණින් බබළනවා. හැබැයි උන්වහන්සේ එහෙම කෙනෙක් කියලා මිනිස්සු එච්චර දන්නෙ නෑ. මිනිස්සු උන්වහන්සේව දැක්කත් පිළිගන්න එකකුත් නෑ. හැබැයි වජ්ජි දේශයේ සමහරුන් උන්වහන්සේ ගැන කතා කරන්නේ මුනිවරයෙක් කියලයි. මේ ලෝකයේ ඉන්න භූතයෝ යක්ෂයෝ නම් උන්වහන්සේ ගැන හරියට ගුණ කියනවා. උන්වහන්සේට කියන්නේ යහපත් ගතිගුණ ඇති කෙලෙස් නැති උත්තමයා කියලා.

අනේ එහෙනම් රජතුමනි, ඔබ ඒ කප්පින තෙරුන් වහන්සේට එක වස්ත්‍රයක් හරි වස්ත්‍ර දෙකක් හරි මං වෙනුවෙන් පූජා කරගත්තොත්, පූජා කරලා මට ඒ පින අනුමෝදන් කළොත් තමුන්නාන්සෙට ඇස්පනාපිට පෙනේවි මං හොඳට රෙදිපිළි ඇඳලා ලස්සනට ඉන්න හැටි" එතකොට රජ්ජුරුවෝ අහනවා "කොයි පළාතෙද ඒ භික්ෂුව ඉන්නේ? අපි කැමතියි ගිහින් උන්වහන්සේව බැහැදකින්න. අපේ මේ සැකය, විචිකිච්ඡාව, පින් පව් විශ්වාස නොකරන මිසදිටුව කවුරු නම් අදහා ගනියිද?" ඒ කියන්නෙ මේ අම්බසක්ඛර කියන රජ්ජුරුවෝ එච්චර පින්පව් අදහන කෙනෙක් නෙමෙයි.

නුසුදුසු වෙලාවේ යන්න එපා....

එතකොට මේ භූතයා කියනවා. "කපිනච්චනා කියන ගමේ උන්වහන්සේ ඉන්නේ. දේවතාවුන් වහන්සේලා උන්වහන්සේව පිරිවරාගෙන ඉන්නේ. උන්වහන්සේට දෙවිවරු සත්‍යය කියන නමින් අමතන්නේ. උන්වහන්සේ තම ගුරු පරපුරෙන් ආපු ඒ නිවන් ලබන ක්‍රමයෙන් යුක්තව තමයි දහම් කතාව කරන්නේ" එතකොට රජ්ජුරුවෝ කියනවා "එහෙනම් හොඳයි. මම ගිහින් ඒ ශ්‍රමණයන් වහන්සේට වස්ත්‍ර දෙකක් පූජා කරගන්නම්. උන්වහන්සේ ඒක පිළිගත්තහම ඔබ ලස්සනට රෙදිපිළි ඇඳන් ඉන්නවා දකින්න මට පුළුවන් වේවි"

"රජතුමනි, නුසුදුසු වෙලාවෙදි ඔබ වගේ කෙනෙක් පැවිද්දෙක්ව බලන්න යන්න එපා. (ඒ කිව්වේ දැන් මේ රාත්‍රියනේ) ඒක ධර්මය නෙමෙයි. සුදුසු වෙලාවෙදි යන්න. ගිහින් බලන්න උන්වහන්සේ හුදෙකලාවේ භාවනාවෙන් ඉන්න හැටි" රජ්ජුරුවෝ හොඳයි කියලා නැවත තමන්ගේ

නිවසට ගියා. ගිහින් වතුර නාලා කෑම් බීම් කාලා ඒ රජ්ජුරුවන්ගේ පෙට්ටගමෙන් රෙදි ජෝඩු අටක් ගත්තා. අරගෙන සේවක පිරිසට දුන්නා. මේවා අරගෙන දැන් යමං කියලා රජතුමා අර කපිනච්චනා කියන ප්‍රදේශයට ගියා.

ශ්‍රමණයන්ට පීඩා කරපු රජකෙනෙක්....

ගිහින් මහා කප්පින මහ රහතන් වහන්සේව දැකගත්තා. උන්වහන්සේ ඒ වෙලාවේ පිණ්ඩපාතේ වැඩලා, දානෙ වළඳලා, රුක් සෙවනක සැනසිල්ලේ ඉන්න වෙලාව. ඉතින් රජ්ජුරුවෝ උන්වහන්සේ ළඟට ගිහිල්ලා සැප දුක් ඇහුවා. වන්දනා කළේ නෑ. අහලා කිව්වා "ස්වාමීනී, මම මේ විශාලා මහනුවර ලිච්ඡවී රජ කෙනෙක්. මට කියන්නේ අම්බසක්බර කියලා. ස්වාමීනී, මං ආවේ මේ වස්ත්‍ර ටිකක් අරගෙන ඔබවහන්සේට පූජ කරගන්න. ඔබවහන්සේට මං ගැන සතුටු නම් මේක පූජාකරගන්නම්"

එතකොට මහා කප්පින මහ රහතන් වහන්සේ අර අම්බසක්බර රජ්ජුරුවන්ට කියනවා "හාපෝ... රජතුමනි, තමන්නාන්සේගේ මාලිගාව අහලකින්වත් ශ්‍රමණ බ්‍රාහ්මණයෙක් යන්නේ නෑ නොවැ. ඔය මාලිග ාව ඉස්සරහා කීදෙනෙකුගේ පාත්‍රා බින්දද? ශ්‍රමණයන් කී දෙනෙකුගේ සිවුරු ඉරුනද? ඔය මාලිගාව ඉස්සරහ සේවකයෝ දම්මලා ශ්‍රමණයන් කී දෙනෙක්ව වෙට්ටු දම්මලා වැට්ටුවද?"

මෙන්න සැබෑ ශ්‍රමණ ගුණ....

මේ විස්තරය කියවද්දී මට නම් මතක් වෙන්නේ ශ්‍රමණයන්ගේ ගුණයමයි. ඇයි හේතුව? ඒ එකකින්වත්

කෝප සිතක් පහළ කරගෙන නෑ. දැන් මේ කාලේ පොඩි වරදක් වුනත් මොනතරම් අරගල වෙනවද නේද? චුට්ටක් වචනයක් එහා මෙහා වුනත් ලොකුවට කේස් යනවනෙ මේ කාලෙ. බලන්න එහෙම වෙද්දිත් ධර්මය තුළ හිටියා. ඉතින් මේ රහතන් වහන්සේ තව කියනවා "ඒ විදිහට හරියට පීඩා කළානෙ ඔබතුමා. ඔබතුමා නිසා මේ ශ්‍රමණයන් වහන්සේලා කොයිතරම් කරදරයකට පත්වුනාද?

ඊළඟ එක තමයි තණ පතකින් වෑස්සෙන තෙල් බිඳක් තරම්වත් ඔබ දානයක් දීපු කෙනෙක් නොවෙයිනෙ. ඔබ මං මුළා වෙච්ච කෙනෙකුට පාරක් තොටක් පෙන්වා දීපු කෙනෙක් වත් නෙවෙයිනෙ. ඔබ අන්ධ කෙනෙකුගෙ නුත් හැරමිටිය උදුරා ගත්තා කියලා ආරංචියි. මෙවැනි කෑදර අසංවර කෙනෙක් වෙච්ච ඔබ (බලන්න මේ රහතන් වහන්සේගේ තියෙන ඍජු කම නේද?) මෙවැනි කෑදර අසංවර කෙනෙක් වෙච්ච ඔබ කුමක් නිසාද මේ වගේ දන්දීම් කරන්න, වස්ත්‍ර පූජා කරන්න මේ ආවේ?"

මේ වස්ත්‍ර යුගල අට පිළිගන්නා සේක්වා....

එතකොට කියනවා "අනේ ස්වාමීනී, මගෙන් ඔය වෙච්ච වැරදි මං පිළිගන්නවා. හැබැයි මම මේවා කළේ සෙල්ලමට. නපුරු හිතකින් නෙමෙයි. නමුත් ඒවා මගේ අතින් සිද්ධ වෙච්ච නපුරු දේ. ස්වාමීනී, මං මගේ දෑහින් දැක්කා සෙල්ලමට පව් කරලා දැන් පෙරේතයෙක් දුක් විදිනවා. සැප සම්පත් නෑ. හොඳ ලස්සනයි. ඒ වුනාට විලි වහගන්න නූල් පොටක් නෑ. ඊටත් වඩා බරපතල දුකක් කොයින්ද? ස්වාමීනී, මං ඒ පෙරේතයාව හොඳට දැක්කා. මං කතාබස් කළා. මට හරී සංවේගයක් හටගත්තා. මං මේ

වස්ත්‍ර යුගල අට ඔබවහන්සේට පූජා කරන්නේ ආන්න ඒ පෙරේතයාට පින් පිණිසයි. ඒ නිසා මෙය පිළිගන්නා සේක්වා. මේ පින ඒ ප්‍රේතයා වෙත පැමිණේවා"

දන්දීම කියන්නේ බුද්ධාදී උතුමන් ප්‍රශංසා කළ දෙයක්....

එතකොට ඒ රහතන් වහන්සේ කියනවා. "ඒකාන්තයෙන්ම දන්දීම කියන්නේ බුද්ධාදී උතුමන් විසින් නොයෙක් විදිහට ප්‍රශංසා කළ දෙයක්. මෙසේ දන් දෙන ඔබගේ ධනය ක්ෂය නොවේවා. (බලන්න ලස්සන පැතුමක්) ඔබගේ වස්ත්‍ර යුගල මං පිළිගන්නම්. මේ පින ඒ ප්‍රේතයා වෙත පැමිණේවා" එතකොට රජ්ජුරුවෝ (ඒ කාලේ ක්‍රමයක් වෙන්න ඇති) අත් දෙක හෝද ගත්තා. මූණ හෝදගත්තා.

අර වස්ත්‍ර යුගල රහතන් වහන්සේට පූජා කරගෙන කියනවා "අනේ මට දැන් ලස්සනට ඇඳුම් ඇඳපු අර භූතයාව පෙනේවා" කියලා. මේන්න දැන් භූතයා පෙනී හිටියා. උදාර රූප සම්පත්තියෙන් යුක්තයි. සිරුර පුරා සඳුන් කල්ක තැවරිලා. ලස්සන වස්ත්‍රයෙන් අලංකාර වෙලා. ඒ වගේම පිරිවරකුත් පහළ වෙලා. පිරිවර සේනාව මැද ආජානේය අශ්වයෙකුගේ පිට උඩ නැගල ඉන්නවා.

බලන්න වෙනස් වුන විදිහ....

රජතුමා මේ ප්‍රේතයා දැකලා අතිශයින්ම විස්මයට පත්වෙලා, ඒ සුන්දර කර්මයේ මහා පුණ්‍ය විපාකය තමන්ගේ ඇස් දෙකෙන්ම ප්‍රත්‍යක්ෂ කරගෙන, අර ප්‍රේතයා ළඟට ගිහිල්ලා කියනවා "මං අද ඉඳලා ශ්‍රමණයන්

වහන්සේලාට බ්‍රාහ්මණවරුන්ට දන් පූජා කරනවා. දැන් ඉතින් මට දෙන්න බැරි කිසිම දෙයක් නෑ. (මේ බලන්න වෙනස් වෙච්ච තාලේ) පින්වත් දෙවිය, නුඹ මට බොහෝ උපකාර කළා"

එතකොට මේ ප්‍රේතයා කියනවා. "ලිච්ඡවී රජතුමනි, ඔබ මට ඔය දුන්නේ සිවුපසයෙන් එක කොටසක් වන වස්ත්‍ර දානයක්. ඒ දානය හිස් දෙයක් නෙමෙයි. දැන් බලන්න මං අමනුස්සයෙක්. ඔබ මනුස්සයෙක්. දැන් අමනුස්සයෙක් වෙච්ච මං මනුස්සයෙක් වෙච්ච ඔබත් සමග මූණට මූණ කතාබස් කරනවා" ඊටපස්සේ මේ රජතුමා වැඳගෙන කියනවා "පින්වත් යක්ෂය, ඔබ මට යායුතු පාර පෙන්නුවා. රහතන් වහන්සේලා මුණ ගැස්සුවා. දානෙ දෙන්න පාර කිව්වා. ඔබ මගේ ඉෂ්ට දේවතාවා කරගන්න මං ආසයි. අනේ මම ආයෙමත් ආසයි ඔබව දකින්න"

අනේ අර පුද්ගලයාවත් උලෙන් නිදහස් කරන්න....

එතකොට මේ ප්‍රේතයා කියනවා. "රජතුමනි... හැබැයි ඔබේ ඔය පැහැදීම නැති වෙච්ච දවසට මාව පේන එකක් නෑ. මාව පේන්නෙ ඔබට ඔබේ ඔය පැහැදීම තියෙනකම් විතරයි. ඔබේ පැහැදීම නැති වෙච්ච දවසට ඔබට මාව පෙනුනත් මං ඔබ එක්ක කතා කරන්නෙ නෑ. ඔබ ධර්ම ගෞරවයෙන් යුක්තව, දන් දීමට ඇලී, අනුන්ට ඇප උපකාර කරන ජීවිතයක් ගත කරමින්, ශ්‍රමණ බ්‍රාහ්මණයින්ට පැන් තාලියක් වගේ ඔබ හිටියොත් ඔබට මාව පෙනේවි.

රජතුමනි, ඔබ දැන් මාව දැකලා මේ විදිහට කතාබස් කරනවා. අපි දෙන්නාට මේ මූණට මූණ මුණ ගැහෙන්න හේතු වුනේ අර උල උඩ හිටිය පුද්ගලයා. අනේ... ඒ මනුස්සයාව නිදහස් කරන්න. ඒ පුද්ගලයාව උලෙන් බේරන්න. ඒ පුද්ගලයා උලෙන් නිදහස් වුනොත් පින්දහම් කරගනීවි. පින්දහම් කරගත්තොත් නිරයට වැටෙන්න තියෙන ඉරණම වෙනස් වේවි. නිරයෙන් නිදහස් වේවි. හැබැයි ඔහුට වෙන තැනක ඉපදුනාට පස්සේ ඒ අකුසල කර්මයේ විපාක විඳින්න සිදුවේවි. ඒක එයා විසඳගනීවි.

රාජ සභාවේ අනුමැතිය ඉල්ලුවා....

ඔබ ඔහුව කප්පින මහ රහතන් වහන්සේ ඉදිරියට එක්කන් ගිහිල්ලා උන්වහන්සේට මෙයාව පෙන්නන්න. උන්වහන්සේ දන්න හැම දෙයක් ම කියලා දේවි. හැබැයි උන්වහන්සේ ළඟට ගිහින් අවබෝධ කරගන්න අදහසින්මයි අහන්න ඕන. නපුරු සිතකින් නම් නොවෙයි. ඔබ අහපු දෙයක් වුනත් නෑසූ දෙයක් වුණත් ඒ හැම දෙයක් ගැනම තමන් වහන්සේ දන්න විදිහට කියලා දේවි"

රජතුමා ඒ අමනුස්සයත් එක්ක රහසේ කතාබස් කරලා පොරොන්දු වුනා. පහුවදා ලිච්ඡවීන්ගේ රාජ සභාවට ගියා. එතන රැස් වෙච්ච පිරිසට කිව්වා "පින්වත්නි, මං මේ කියන දේ අහන්න. මං තමුන්නාන්සේලාගෙන් එක්තරා වරයක් ඉල්ලනවා. ඒ වරය මට ලබාදෙන්න. අර වැරදිකාරයෙක් උල මත ඉන්දවලා තියෙනවා. එහෙම ඉන්දවලා දැන් විසි දවසක් ගෙවුනා. හැබැයි ඔහු ආණ්ඩුවට

වැරදි කරපු කෙනෙක් නෙමෙයි. ඔහු ආණ්ඩුවට හිතවත්. දැන් ඔහු ජීවත් වෙන්නෙත් නෑ. හැබැයි ඔහු මැරිලත් නෑ. මං ඔහුව නිදහස් කරනවා. මේකට මේ සභාවේ අනුමැතිය දෙන්න" කිව්වා.

එතකොට ඒ සභාවේ අනුමැතිය ලැබුනා.....

රජ්ජුරුවෝ ඒ ප්‍රදේශට ගිහිල්ලා මෙයාව උලෙන් නිදහස් කළා. උලෙන් ගලවලා ගත්තා. ඒ කාලේ බෙහෙත් වර්ගත් තියෙන්න ඇති මේ වගේ වෙච්ච වෙලාවක පිහිට වෙන්න. වෙද මහත්තුරුත් එක්කන් ආවා. බෙහෙත් කෙරෙව්වා. බෙහෙත් කරලා ඔහු සුවපත් කළා. සුවපත් කරලා මහා කප්පින මහ රහතන් වහන්සේ ළඟට එක්කගෙන ගියා. දැන් මේ මැදිහත් වෙන්නේ කවුද? රජ්ජුරුවෝ.

රහතන් වහන්සේ ඉදිරියට ගිහිල්ලා කියනවා. " ස්වාමීනී, මේ ඉන්නේ හුල මත ඉන්දපු පුරුෂයා. මෙයා නිසා තමයි අපි අර භූතයත් එක්ක හිතවත් වුනේ. මෙයා බොහොම දරුණු වැඩ කරපු එක්කෙනෙක්. හුල මත ඉන්දවපු දවසේ පටන් විසි රැයක් ගතවන තුරුත් මොහු නොමැරී හිටියා. හැබැයි ජීවත් වුනෙත් නෑ. දැන් මම මොහුව නිදහස් කළා. ඒ අමනුස්සයගේ කීමටයි මං මේ ඔක්කොම කරන්නේ. අනේ ස්වාමීනී, මොහුට නිරයෙන් වළකින්න උදව් කරන්න. ස්වාමීනී, ඒ වගේ දෙයක් තියෙනවා නම් අපිට කියාදෙන්න. අපි කරුණු සහිතව, විශ්වාස කටයුතු විදිහට කියන දේ අහනවා. මෙලොව කරපු ඒ කර්මයන්ගේ විපාක නොවිඳ ගෙවිලා විනාශ වීමක් නැද්ද?"

අප්‍රමාදීව ධර්මයේ හැසිරෙන කෙනාට නිරයෙන් නිදහස් වෙන්න පුළුවන්....

එතකොට මහාකප්පින මහරහතන් වහන්සේ පිළිතුරු දෙනවා "අප්‍රමාදීව ධර්මයේ හැසිරෙන කෙනාට නිරයෙන් නිදහස් වෙන්න පුළුවන්. හැබැයි ඒ කර්මය වෙන භවයක ඉපදිලා විඳින්න සිද්ධ වේවි" ඒ කියන්නේ නිරයෙන් නිදහස් වුනත් මනුස්ස ලෝකෙට ආවත් ඒක විඳින්න සිද්ධ වේවි. ඊට පස්සේ රජතුමා කියනවා "අනේ ස්වාමීනී, මා කෙරෙහිත් අනුකම්පා කරන්න. මටත් අවවාද කරන්න. එතකොට මාත් නිරයෙන් නිදහස් වේවි"

එතකොට මහ රහතන් වහන්සේ වදාළා "එහෙනම් රජතුමනි, කල් ගන්න එපා. අදම සිත පහදවාගෙන භාග්‍යවතුන් වහන්සේව සරණ යන්න. ඒ ශ්‍රී සද්ධර්මයත් සරණ යන්න. ආර්ය ශ්‍රාවක සංඝ රත්නයත් සරණ යන්න. පංච සීලය සිඳුරු නැතුව, පැල්ලම් නැතුව, ආරක්ෂා කරන්න. රජතුමනි, වහ වහා දැන්ම ම (රජවරු ඒ කාලේ දඩයමේ එහෙම යනවනෙ) සතුන් මැරීමෙන් වළකින්න. සොරකම් කරන්න එපා. මත්පැන් බොන්න එපා" කිව්වා.

නැකතක් නිසා වෙන විනාශයක්....

දැන් බලන්න පසුගිය දවස් වල සිංහල අවුරුදු ආවා. නැකැත් නිසා මිනිස්සුන්ට වෙන විනාශය දැක්කා නේද? බොනවා... බොනවා... බොනවා.... දැක්කනේ අර අවුරුදු දහඅටක කොලුපැටියෙක් යාළු වෙච්ච ගෑණු ළමයට තෑගි දෙන්න සල්ලි දුන්නෙ නෑ කියලා අම්මා මැරුවේ. මේ නැකතක් කරන විනාසයක්. මේ මිත්‍යා අදහස් තියෙනකම් මේ ජාතිය නීච වෙවී යනවා මිසක්

වටිනා දෙයක් ගන්නවට වඩා තියෙන්නේ විනාස වීමක්. ඒ නිසා පංච සීලෙත් නැති කරගන්නවා. තිසරණෙත් නැති කරගන්නවා. මිසදිටුව වැළඳගන්නවා. මරණින් මත්තේ දුගතියේ යනවා. මේ මෙච්චර හොඳ ධර්මයක් තියෙද්දි.

ඉතින් මේ රහතන් වහන්සේ වදාළා "මත්පැන් බොන්න එපා. බොරු කියන්න එපා. තම බිරිඳගෙන් පමණක් සතුටු වෙන්න. ඔය විදිහට තිසරණයත් සිල්පද පහත් ආරක්ෂා කරගෙන සාමාන්‍ය ජීවිතේ ගෙවලා, පොහොයට උපෝසථය රකින්න. (ඔන්න රහතන් වහන්සේලා ඒ කාලේ කියාපු දේවල්) එයින් බොහෝ සැප විපාක ලැබෙනවා. ඊළඟට සිවුරු, පිණ්ඩපාත, ගිලන්පස, කුටි සෙනසුන්, දන්පැන්, වස්ත්‍ර, ඇඳපුටු ආදිය මේ දේවල් ආර්ය සංඝයා උදෙසා පූජා කරගන්න" කා උදෙසාද පූජා කරගන්න කිව්වේ? ආර්ය සංඝයා උදෙසා.

මාව සරණ යන්න එපා... භාග්‍යවතුන් වහන්සේව සරණ යන්න....

දැන් මට මේකේ එක සිදුවීමක් හම්බ වුනා කෙනෙක් පැහැදිලා ඒ රහතන් වහන්සේව සරණ යනවා කියලා කියනවා. එතකොට කියනවා 'නෑ... මාව සරණ යන්න එපා... භාග්‍යවතුන් වහන්සේව සරණ යන්න' කියනවා. බලන්න ඒ රහතුන්ගේ ප්‍රකාශ වල ලස්සන. තමාව හුවාදක්වන්නෙ නෑ. තමන්ට වැටහෙන දේ හුවා දක්වන්නෙත් නෑ. ශාස්තෲන් වහන්සේව ඉස්මතු කරනවා. ධර්මය ම ඉස්මතු කරනවා. ධර්මය හොඳට කියවනකොට තමයි මේක අහුවෙන්නේ. මේ ධර්මය නැවත නැවත

කියවන්න කියන්නේ ඒකයි. මේවා කියවනකොට නිකම්ම පුද්ගලයා නිහතමානී වෙනවා. මාර්ගඵල ලබන්න ඕනම නෑ තමන්ට නිහතමානී වෙන්න. මේ ධර්මය ඉගෙන ගෙන නිහතමානී වෙන්න පුළුවන්.

රහතුන්ගේ අනුශාසනා....

ඊට පස්සේ කියනවා බලන්න කොච්චර ලස්සනද කියලා. "සිල්වත්, වීතරාගී, බහුශ්‍රැත සංඝයා ඉන්නවා. උන්වහන්සේලාට දානමාන වලින් උපස්ථාන කරන්න. ඒකෙන් හැමදාම පින් වැඩෙනවා. මේ අයුරින් දිවාරෑ දෙකෙහිම අප්‍රමාදීව ධර්මයේ හැසිරෙන්න. එතකොට ඒ තැනැත්තා නිරයෙන් නිදහස් වෙනවා. හැබැයි ඒ කර්මය වෙන භවයක ඉපදිලා විඳින්න වේවි" ඒ කිව්වේ දැන් මේ ආත්මේ නිරයෙන් නිදහස් වෙනවා. මරණින් මත්තේ යන්නෙ නෑ නිරයට. හැබැයි වෙන භවයක විඳින්න වෙයි කියනවා.

මේ සිද්ධිය වෙද්දී බුදුරජාණන් වහන්සේ ජීවමානව වැඩ ඉන්නවා. රජතුමා එවෙලෙම කියනවා "මම අදම පහන් සිතින් යුතුව බුදුරජාණන් වහන්සේව සරණ යනවා. මම ශ්‍රී සද්ධර්මයත් සරණ යනවා. මම ආර්ය ශ්‍රාවක සංඝ රත්නයත් සරණ යනවා. ඒ වගේම මම සිදුරු නැතුව, පැල්ලම් නැතුව, පංච සීලය සමාදන් වෙනවා"

සමහර බෞද්ධයන්ගේ ජීවිත සංවේග ජනකයි....

දැන් ඔබ දකින්න ඇති පසුගිය දවස්වල රේඩියෝ එකෙත් නිතර නිතර කියනවා බීලා වාහන පදවන අය ගැන. බීපු අය ත්‍රීවීලර් වල, බයික් වල, වාහන වල යනවා.

මේ ඔක්කොම බෞද්ධයො නේද? බලන්න භාග්‍යවතුන් වහන්සේගේ ශ්‍රාවකයෝ හැටියට මේ ධර්මයෙන් කිසි ප්‍රයෝජනයක් ගන්නෙ නැතුව, කිසි උපකාරයක් ගන්නෙ නැතුව, කිසි පිළිසරණක් ගන්නෙ නැතුව, හරියට නිකම් හිරු මඬල තියෙද්දී, සඳ මඬල තියෙද්දි, ඇසුත් තියෙද්දී, ඇස් වහගෙන යනව වගේ. ඇස් තිබුනට ඉතින් ඇස් වහගෙන නම් යන්නෙ වැඩක් නෑනෙ. හරිම සංවේග ජනකයි. මොනව කරන්නද?

යාළුවෝ හැටියට සංඝයාව ඇසුරු කරන්න එපා....

ඉතින් මේ රජ්ජුරුවෝ පංච සීලය සමාදන් වෙලා ඊටපස්සේ බොහෝම දන්පැන් දෙන්න පටන් ගත්තා. සංඝයා උදෙසා සිවුරු පූජා කරන්න පටන් ගත්තා. සේනාසන හදන්න පටන් ගත්තා. එහෙම කරලා රජ්ජුරුවෝ බොහෝම පින් කරගත්තා. ඒ කියන්නේ රජ්ජුරුවෝ හොඳ උපාසක කෙනෙක් බවට පත්වුනා. උපාසක කෙනෙක් වෙලා මේ රජ්ජුරුවෝ සංඝයාව ආශ්‍රය කළේ යාලුවෝ හැටියට නෙමෙයි. පරිහානිය කියලා කියන්නේ දැන් ගොඩාක් අය කැමති සංඝයාව සංඝයා හැටියට ඇසුරු කරන්න නෙමෙයි. යාලුවෝ හැටියට ඇසුරු කරන්නයි. ඒක නම් අපි අසතුටු විය යුතු කරුණක්. සංඝයා හැටියට තමයි ඇසුරු කළයුත්තේ. යාළුවෝ හැටියට නෙමෙයි.

රහත් වෙන්න පින තියෙන්න ම ඇති....

ඉතින් මේ රජ්ජුරුවෝ භික්ෂූන්ට මොළොක් සිතින් උපකාර කරන කෙනෙක් වුනා. අර හුල මත හිටපු එක්කෙනා සනීප වුනා. සනීප වෙලා නිදහසේ ඇවිදින්න

පුළුවන් වුනා. මහා කප්පින මහ රහතන් වහන්සේ ළඟට ගිහින් උපස්ථාන කරලා, උන්වහන්සේ ළඟ පැවිදි වුනා. රජ්ජුරුවෝ ධර්මය අහලා සෝවාන් ඵලයට පත්වුනා. උල ඉඳවපු එක්කෙනා ඒ රහතන් වහන්සේගේ උපකාරය නිසා රහතන් වහන්සේ නමක් වුනා.

මේක කියවද්දී මම කල්පනා කළා මේක හරීම විස්මයජනක කතාවක්. රහත් වෙන්න පින තියෙන්නම ඇති. නැත්නම් උලෙත් දවස් විස්සක් ලැගලා, ඒ කියන්නේ ඇගේ බරත් එක්ක උලේ ටික ටික බහිනවා නොවැ. බැහැල බැහැලා මේ උගුරු දණ්ඩෙන් උඩට එනවා උල. එතකොට මේක හිරවෙලා තිබ්බනේ බහින්නෙ නැතුව දවස් විස්සක්. ඇයි අර භූතයත් ගිහින් ගිහින් කියනවනෙ 'ජීවත් වෙයං... ජීවත් වෙයං... මැරෙන්න නම් එපා... ජීවිතය වටිනවා...' කියලා.

දැන් කාලේ මිනිස්සුන්ගේ පණ හයිය නෑ....

මං මේකෙන් තේරුම් ගත්තේ මේක නම් රහත් වෙන්නම පින තිබ්බච්ච එකක් කියලා. නැත්නම් මෙහෙම බේරිල්ලක් නම් බේරෙන්න බෑ. දැන් නම් මේ සුටුස් ගාලා පණ කෙන්ද යනවනෙ. මේ වාහනේ හැප්පෙනවා. වැටෙනවා. මැරිල යනවා. අර කුකුළෝ මැරෙන්නෙ හැප්පිච්ච ගමන්. දැන් මිනිස්සුත් ඒ වගේ. මේ හැප්පෙනවා. මේ මැරෙනවා. පණ හයිය නෑ. දැන් බලන්න මේ පින් තියෙන කෙනා. මෙයා මොනවහරි සංසාරේ පින් කරපු කෙනෙක් වෙන්න ඇති. නැත්නම් මෙහෙම චාන්ස් එකක් කොහොමද වැටෙන්නෙ.

අපි ඒකනෙ කොච්චරවත් කියන්නේ යහපත් ගතිගුණ ඇතිකරගන්න කියලා. ඒ මනුස්ස ලෝකෙ

ඇතිකරගත්තු යහපත් ගතිගුණ අර ප්‍රේතයාට මළාට පස්සෙත් පිහිටලා තිබුනෙ නැද්ද? තිබුනා. මෙයාගෙ ඇඟේ වස්තරයක් නෑ. නමුත් මෙයාට අශ්වයෙකුත් මැවිලා. අස්සයා පිටේ යන්න එන්නත් පුළුවන්. පෙර භවයත් පේනවා. එතකොට මෙයා දැක්කා බෑනා නිරයේ යනවා. අනික මෙයාත් මොළේ තියෙන කෙනෙක්. සාමාන්‍යයෙන් අපි වගේ නම් මෝඩකමට මොකක්ද කියන්නේ?

මිනිසුන්ගේ පරිහානිය....

ඔන්න අපි කියමු අපි මැරිලා භූතයෙක් වුනා. ඔන්න අපේ බෑනව උල ඉන්දලා තියෙනවා. දැන් අපිට පෙනුනා. අපි මොකක්ද කියෙන්නේ එහෙනම්? 'බෑනෝ, තෝ නිසා මාත් මැරුම් කෑවා. දැන් තොට යන්න තියෙන්නේ නිරයේ. නිරයේ පල. ගිහින් විඳවපිය' කියයිද නැද්ද? අනිවාර්යයෙන්ම ඕක තමයි කියන්නේ. 'මට අප්පුරුවට ඉන්න තිබ්බ්ච එක, ඒකත් නැති කළා තෝ. තෝ හොරකම් කරපු එක මගේ කඩේ ගොඩ ගහලා විකුණලා ඒකට මාත් අහුවුනා. මාත් මළා. දැන් තෝත් උල උඩ. දැන් පල නිරයේ. ගිහිල්ලා විඳවපිය' කියලා කියයිද නැද්ද? ආන්න වෙනස. මනුස්සයාගේ පරිහානිය කියන්නේ ඕක. බරපතල විදිහට මනුස්ස ගුණදහම් කුඩුපට්ටම් වේගෙන යනවා.

සත්පුරුෂ භූතයෙක්....

දැන් බලන්න මාමවයි බෑනවයි ආණ්ඩුවෙන් අරන් ගියා. නඩු කිව්වා. මරණ දණ්ඩනය නියම කළා. මාමට මරණ දණ්ඩනය කොහොමද ලැබුනේ? හිස ගසාදැම්මා. මාමා තරහක් නැතුව ගියානෙ හිසගසා දාන

දං ගෙඩියට. බෑනා උල හිඳෙව්වා. දැන් හිස ගසා දාලා මාමා ඔන්න භූතයා වුනා. භූතයා වෙලා බෑනා ළඟට ගිහිල්ලා මොකක්ද කියන්නේ? 'ජීවත් වෙයං... ජීවත් වෙයං... ජීවිතය වටිනවා...' එතකොට බලන්න දියුණුවක් පේන්නෙ නැද්ද මනුෂ්‍යත්වයේ? ඇත්තම කියන්න. මේ දියුණුව අද තියෙයිද? මේ දියුණුව අද නෑ.

අද මොකක්ද වෙන්නෙ ඉක්මනට මනුස්සයාට? ඉක්මනින්ම මනුස්සයා කෲර වෙනවා. ඉක්මනින්ම මනුස්සයා දුෂ්ට වෙනවා. ඉක්මනින්ම නපුරු වෙනවා. අද බලන්න මනුස්සයාට ඉක්මනින්ම රාගය ඇවිස්සෙන්නෙ නැද්ද? ඉක්මනින් රාගය ඇවිස්සෙනවා. ඉක්මනින් ක්‍රෝධය ඇවිස්සෙන්නෙ නැද්ද? ඉක්මනින් ක්‍රෝධය ඇවිස්සෙනවා. ඉක්මනින් මුළා වෙන්නෙ නැද්ද? ඉක්මනින් මුළා වෙනවා.

තමන්ට කියලා පිහිටපු අවබෝධයක් නෑ....

අද කෙනෙක්ව ඉක්මනින් පහදවන්නත් පුළුවන්. ඉක්මනින් අපහදවන්නත් පුළුවන්. ඇයි ඒ? ඔක්කෝම ඔහේ කරගෙන යනවා. තමන්ට කියලා පිහිටපු දැනුමක්, තමන්ට කියලා පිහිටපු අවබෝධයක්, පිහිටපු තේරුම් ගැනිල්ලක්, මොකෝවත් නෑ. ඉතින් කාලයක් තිස්සේ දහම් වැඩසටහන් කරන මමත් මේ කාරණය හොඳට දන්නවා මේ ලොකු පරිහානියක් තියෙනවා කියලා. ඒ පරිහානිය මැද්දෙන් තමයි අපි මේ කතා කරන්නේ.

අර අපි කලින් කතා කරපු ගුණ අද මනුෂ්‍යයාගේ නැතෙයි කිව්වට කමක් නෑ. එතකොට මනුෂ්‍යයාට ඒ ගුණ නැති වුනොත් යන්න වෙන්නේ කොහෙද? මැරෙන

මැරෙන අය දුගතියේ. සුගතියක අහලක යන්න කෙනෙක් නෑ. මං කිව්වේ ඒකයි දැන් බුදුරජාණන් වහන්සේ සරණ යාමේදී ඒ ගැන අවබෝධයක් නොතිබුණොත් ඒක නිකම් ම නිකම් තාලෙකට කීමක් විතරයි. තාලෙකට කිව්වා කියලා සරණ පිහිටනවා නම් අනිත් ඒවත් පිහිටනවනෙ තාලෙට කියන හැටියට. තාලෙට කියන පමණින් පිහිටන්නෙ නෑ. ඒක කරුණු තේරුම් අරන් කරන්න ඕනෙ.

ගුණයක් ඇතිකර ගත්තත් ඒක පවත්වන්න අමාරුයි....

අද අපිට තේරුම් යන තව එකක් තමයි ගුණයක් ඇතිකර ගත්තොත් වර්තමානයේ, ඒ ගුණය පවත්වන්න අමාරුයි. හිතේ පැහැදීමක් වුනත් නිතර සිහි කර කර ඉන්න අමාරුයි. ඒ කියන්නේ ගුණවන්ත දේ අමතක වෙනවා. මනසින් ගිලිහී යනවා. හැබැයි නුගුණට අයිති දේ පිහිටනවා. ගුණයට අයිති දේ ගිලිහී යනවා. මේන්න මෙහෙම එකක් දැන් තියෙනවා කියලා ඔන්න අනතුර හඳුනගන්න ඕනෙ.

ඉතින් මේකේ කියනවා හරි ලස්සනයි. "උල හිටවපු කෙනා සනීප වුනා. නිදහසේ යන එන කෙනෙක් වුනා. සුවපත් වුනා. උතුම් කප්පින මහ රහතන් වහන්සේ ළඟට ඇවිදින් පැවිදි වුනා. ලිච්ඡවී රජුයි ඒ පුද්ගලයයි දෙන්නම මාර්ගඵල අවබෝධ කළා" ඊළඟට අවසාන ගාථාව තියෙන්නේ. "සත්පුරුෂයන් වහන්සේලාව සේවනය කළ විට ප්‍රතිඵලය ඕකයි. ජීවිතාවබෝධය ඇති සත්පුරුෂ ආශ්‍රය මහත්ඵල ලබාදෙනවා. හුල මත උන් පුරුෂයා රහත් ඵලයට පත්වුනා. අම්බසක්ඛර රජතුමා සෝවාන් ඵලයට පත්වුනා"

බුදුකෙනෙක් පහළ නොවෙන්න පේනතෙක් මානෙක විසඳුමක් නෑ....

බලන්න එතකොට බුදුරජාණන් වහන්සේ පහළ වෙලා මේ ධර්මය දේශනා නොකරන්න අපිට මේක කිසියම්ම ආකාරයකින් විසඳාගන්න පේන තෙක් මානෙ විසඳුමක් නෑ. මේක කියාදෙන්න කිසිම කෙනෙක් නෑ. මහමෙව්නාවෙන් අපි ධර්මය කියපු නිසා දැන් නම් කොහෙන් කොහෙනුත් මේ ධර්මය ඇහෙනවා. මහමෙව්නාව දාන්න ඉස්සෙල්ලා තිබ්ච්ච ධර්ම ප්‍රචාරයයි මේකයි අතර පරීක්ෂණයක් කරන කෙනෙකුට ඔන්න හොඳ අවස්ථාවක්. මීට අවුරුදු පහළවකට කලින් රටේ ගියපු ධර්ම ප්‍රචාරක කටයුතුයි, දැන් යන එක අතරයි වෙනස හොඳට දැනගන්න පුළුවන්, හොයාගන්න පුළුවන්. අහපු නැති සූත්‍ර දේශනා දැන් ඇහෙනවා. කොහෙන්ද මේ ධර්ම ප්‍රචාරය ඉස්මතු වුනේ කියන එක දන්නෝ දනිති. දෙවියොත් දනිති.

දියුණු වෙන්න ආසා කෙනා පිරිහීමට අකමැති විය යුතුයි....

මේ දුර්ලභ අවස්ථාවක් ධර්මය අහන්න ලැබෙන. මේ දුර්ලභ අවස්ථාවේ අපට මේ ලැබිච්ච මනුස්ස ජීවිතේ සාර්ථක කරගන්ට අපි මහන්සි ගන්න ඕනෙ. ඒ කියන්නේ අපි දියුණු වෙන්න ආසයිනෙ. දියුණු වෙන්න ආස නම් තව එකකට ආස නැති වෙන්න ඕනෙ. මොකේටද? පිරිහෙන්න ආස නැති වෙන්න ඕනෙ. පිරිහෙන්න හේතු වෙන දේවල් තියෙන්නේ තමන් ළඟ නම්, තමන් ළඟ තියෙන කරුණු වලින් නම් පිරිහීම උපද්දවලා දෙන්නේ,

එහෙනම් තමන් ළඟ තමන්ට හානි කරන දේවල් තියෙනවාය කියන එක තමන්ට පේන්න ඕන. තමන්ට වැටහෙන්න ඕනෙ.

මොනවද ඒ පිරිහීම ඇතිකරන දේවල්? මං අර කිව්වේ, ඉරිසියාව හටගන්නෙ හිතේ. නමුත් හිතේ හටගන්න ඉරිසියාව ඊට පස්සේ වැඩ කරන්නෙ කොහෙද? ඇසේ. හිතේ හටගන්න ඉරිසියාව වැඩ කරන්නේ කනේ. හිතේ හටගන්න ඉරිසියාව වැඩ කරන්නේ නාසයේ. ඊට පස්සේ දිවේ. හිතේ හටගන්න ඉරිසියාව වැඩ කරනවා කයේ. ඊට පස්සේ මේ ආශ්‍රයෙන් හිතනවා.

කාගෙත් දියුණුවට ආසා කරන්න....

එතකොට මනුස්සයෙක් සාමාන්‍ය ගෙයක් හැදුවත් මෙයාට පේන්නෙ ඒක මහා බංගලාවක් වගේ. සාමාන්‍ය මනුස්සයෙක් නිකම් වස්තරයක් ඇඳගෙන ගියත් පේන්නේ රාජාභරණයෙන් සැරසිලා යනවා වගේ. ඊට පස්සේ කරන්නේ මොකක්ද? හූල්ල හූල්ල ඉන්නවා. ඒක තමයි පිරිහීම කියලා කියන්නේ. ඒකට අකමැති වෙන්න ඕනෙ. පිරිහීමට අකමැති කෙනෙකුට හොඳ දෙයක් තමයි කාගෙත් දියුණුවට ආසා කිරීම.

දැන් සමහර අය ඉන්නවා මේ පන්සලක දියුණුවටවත් ආස නෑ. ඉරිසියා කරනවා. දැන් බලන්න මේ ශාලාවේ මහ අමුතු දෙයක් නෑනෙ. මේකේ ෆෑන් දාලා තියෙනවාය, බිම ටෙරාසෝ කරලා තියනවාය කියලා බැන බැන ගියපු අය ගැන මං දන්නවා. මොකක්ද මේ මිනිස්සු හොයන්නේ? මැටි ගාලා පොල් අතු පැලේ ඉන්නවා දැකලද සතුටු වෙන්නේ? මේ විදිහට දියුණු වෙයිද ජාතියක්? දියුණු වෙන්නෙ නෑ.

අලුත් විදිහට හිතපු මිනිස්සු ටිකක්....

මම ළඟදි දැක්කා හරි ලස්සන වීඩියෝ ක්ලිප් එකක්. මට හරි සතුටක් ඇතිවුනා ඒක දැකලා. මං හිතන්නේ ඒක ප්‍රංශෙද කොහෙද ගොවිපලක්. ඒ ගොවිපලේ උසට දිගට මිදි වැල් යවල තියෙනවා. ඒ මිදි වැල් වවලා තියෙන්නේ දෙපැත්තට පොකුරු පොකුරු මෙහෙම වැක්කෙරෙන්න. ඒගොල්ලෝ බුල්ඩෝසරේ වගේ දෙපැත්තේ රෝද තියෙන මැෂිමක් හදලා වැල උඩින් ඒක පදවගෙන යනවා.

මේක පදවගෙන හිමීන් යනකොට ඒකේ අඬු වලින් අල්ල අල්ල ඒ මිදි වැල් කිසි කිසි ගාලා හොල්ලනවා. එතකොට ඒ ඔක්කෝම මිදි ටික වැටෙනවා අර භාජන වලට. මෙහෙම ගිහිල්ලා ඉවර වෙලා ලොකු ට්‍රේලර් එකකට මිදි ඔක්කොම හලනවා. ඒක බලලා මං සතුටු වෙනවා අනේ ඒ මිනිස්සු කොච්චර ලස්සනට හිතලද? කොච්චර හොඳට කල්පනා කරලද? ඔය ඤාණෙ හුළඟවත් වැදිලයැ අපට. මොකවත් නෑනෙ.

අලුත් අලුත් දෑ නොතකන ජාතිය ලොව නොනගී....

අර කුමාරතුංග මුනිදාස මහත්මයා කිව්වා "**අලුත් අලුත් දෑ නොතකන ජාතිය ලොව නොනගී - සිඟා කෑම බැරිවුන තැන ලගී ගයා මරගී**" මට මේ සම්බුද්ධ රාජ මාලිගාව හදන කාලේ බැන්නේම හාමුදුරුවරුනේ. කොච්චර නම් ගැරහුවද මේ රත්තරන් පාට ගානවා කියලා. දැන් ඔය අපූරුවට ගාන්නේ හැම තැනම රත්තරන් පාට. මේ මොකක්ද මේ? ඉරිසියාව. ඉරිසියාව කියන්නේ පරිහානීය කරුණක්. ක්‍රෝධය කියන්නේ පරිහානීය කරුණක්. ඒක කාටවත් පිහිට පිණිස පවතින්නෙ නෑ.

මං හොඳ කාරණයක් කියන්නම්. අපි අඳුරන මහත්තයෙකුගේ ගෙදර පැණි වරකා ගස් දෙකක් තියෙනවා. මේ පැණි වරකා ගහේ එක ගහක පැණි වරකා ඉඳුනහම ඒ මහත්තයා පැණි වරකා ගෙඩියක් ගෙනත් දෙනවා අපිට. ඒක වැළඳුවාම සතියක් මතකයි. ඒ කියන්නේ හොඳට වරකා මදුල මහතයි. හොඳට මස් තියෙනවා. කහ පාටයි. අරහේ වරකා කපනවා නම් මෙහෙට සුවඳ එනවා. මෙහෙම වරකා මදුල ඉස්සුවහම පැණි වැක්කෙරෙනවා.

අපිටත් වරකා ගෙඩියක් දෙන්න....

ඉතින් ඒ මහත්තයාගේ ගෙදර තිබ්ච්ච එක ගහක ගෙඩි එක්කෙනෙක් ඉල්ලලා තියෙනවා අපටත් දෙන්න වරකා ගෙඩියක් කියලා. දුන්නා. තව එක්කෙනෙක් ආරංචි වෙලා ආයෙත් ඉල්ලුවා. මහත්තයලගෙ ගෙදර හොඳ පැණි වරකා තියෙනවා කියලා ආරංචි වුනා. අපිටත් ගෙඩියක් දෙන්න කියලා ඉල්ලුවා. දුන්නා. දැන් මේ පාර ගහේ ගෙඩි හැදෙනවා. වරකා මදුලු වල පැණි නෑ. මට ඒ මහත්තයා කියනවා හරී පුදුමයි ස්වාමීනී, මේ වරකා ගෙඩිය කැපුවහම නාටු වෙච්ච කොස් තියෙන්නෙ කියනවා. කහ පාටත් නෑ කියනවා. සුදට හැරිලා හං වගේ කියනවා. එැණු පෙත්ත වගේ කියනවා දැන්.

මෙහෙම හිතනකොට රසක් ඉතුරු වෙයිද....?

මේ මොකක්ද මේ? මනුෂ්‍යයාගේ පරිහානිය. මං ඒ මහත්තයට කිව්වා ඒකට ටෙස්ට් කරන්න කියලා ක්‍රමයක්. මං කිව්වා ඉටි රෙද්දකින් කොටසක් වහන්න කිව්වා ගහේ.

වහලා මේක සංඝයාට කියලා වෙන් කරන්න කිව්වා. උඩ ටික මිනිස්සුන්ට දෙන්න කිව්වා වෙනස බලාගන්න. බලන්න පරිහානිය. කාටහරි බෙදනකොට ඒකේ රසෙත් නැතුව යනවා. ඇයි මේක කන්නේ මේ මහත්තයාට පින් දීලා නෙමෙයිනේ. 'මුන්ට හම්බ වෙලා තියෙන වරකා මදුලේ රස... මුන් මේවනේ කන්නේ හැමදාම' එහෙම හිතලනෙ කන්නේ. රසක් ඉතුරු වෙයිද? රසක් ඉතුරු වෙන්නෙ නෑ.

සැබෑ ආර්ය චාරිත්‍ර....

මේ පරිහානිය මැද්දේ තමයි අපට මේකෙන් බේරිලා යන්න තියෙන්නේ. මේ ආත්මේ මනුස්සයන් අතර මෙහෙම පරිහානියක් නම්, ඔබ දැනගන්න මේ පරිහානිය භුක්ති විඳින ඊළඟ පරම්පරා දෙක තුන මේක කොහොම ගෙනියයි ද කියලා මේ පරිහානිය ඉස්සරහට. වෙන මුකුත් නෑ ගෙනියන්න ඉස්සරහට. පරිහානිය ගෙනියන්නේ. නැකත දශමෙට බලයි. ඒවා ඔක්කොම දශමෙට කරයි. ආර්ය චාරිත්‍ර කියලා කරයි ඒවා.

සැබෑ ආර්ය චාරිත්‍ර පැත්තක. මේ තියෙන්නේ ආර්ය චාරිත්‍ර. මොනවද? පංච සීලය ආර්ය චාරිත්‍ර. තෙරුවන් සරණ යෑම, දාන සීල භාවනා ආර්ය චාරිත්‍ර. ඒවා තියෙන කාලේ තමයි මිනිස්සු සන්තෝසෙන් වාසය කළේ. මිනිස්සු දියුණු වුනේ. දැන් බලන්න මනුස්සයොත් එක්ක භූතයෝ මූණට මූණ කතා කරනවා. අඩුපාඩු කියාදෙනවා. පැහැදිලි කරලා දෙනවා. කොච්චර ලස්සනයිද බලන්න.

කරුණු සහිතව පහදින්න ඕනෙ....

ඉතින් අපිට මේ කතාවෙන් ඉගෙන ගන්න හරියට පාඩම් තියෙනවා. මොනවද ඒ? සෙල්ලමට

යමක් කළත් පස්සෙන් එනවා. ඊළඟට පහදිනවා නම් පහදින එක අර රෙද්ද හෝද හෝද දැම්මා වගේ එක වෙලාවකට පහදින්නයි එක වෙලාවකට අපහදින්නයි ආයෙ පහදින්නයි ආයෙ අපහදින්නයි කවදාවත් දියුණු වෙන්නෙ නෑ. පහදිනවා නම් කරුණු සහිතව පහදින්න ඕනෙ. බුදුරජාණන් වහන්සේ ගැන කරුණු සහිතව පහදින්න ඕනෙ. ධර්මය ගැන කරුණු සහිතව පහදින්න ඕනෙ. සංඝයා ගැන කරුණු සහිතව පහදින්න ඕනෙ.

කරුණු සහිතව පැහැදුනා නම් ඒක කවදාවත් අපැහැදීමක් බවට පත්වෙන්නෙ නෑ. එතකොට කරුණු සහිත බව බාහිර කෙනෙකුට දෙන්න බෑ. ඒක තමන්ගේ නුවණින් සැලකීම මත තමන්ගේ හැකියාව මත තියෙන එකක්. ඒකට කියන්නේ යෝනිසෝ මනසිකාරය කියලා. තමන් ඒ ආකාරයට නුවණින් මෙනෙහි කිරීම මත නම් ඒ කරුණු සහිත පැහැදීම ඇති වුනේ, මොන ප්‍රශ්න ආවත් එයාට ඒ පැහැදීම පිහිටනවා.

අනුන්ගේ කෙනෙහිලිකම් වලට භය වෙන්න එපා....

එතකොට කාලෙකට පහදිනවා, කාලෙකට අපහදිනවා කියන එක නෑ. එතකොට පහදින්න උපකාර වෙන්නේ යම් සිතිවිලි රටාවක් නම්, ඒ සිතිවිලි රටාව එයාට පිහිටලා තියෙන්න ඕනෙ. ඒක ඇති කරගන්න ඕනෙ. එහෙම ඇති කරගෙන, ගුණ ධර්ම දියුණු කරගෙන, පංච සීලය ආරක්ෂා කරගෙන, දන් පැන් පූජා කරගෙන, මේ කර්ම කර්මඵල පිළිබඳ තද විශ්වාසයක් ඇතිකර ගන්න.

මේ විදිහට ගුණධර්ම ඇතිකර ගනිද්දී අනුන්ගේ කෙනෙහිලිකම් වලට තමන් බඳුන් වෙන්න පුළුවන් එක එක අවස්ථාවලදී. එතකොට මොකක්ද කරන්න ඕනෙ? එතකොට තමන් කොච්චර හොඳ වුනත් අනුන්ගේ කෙනෙහිලි කම් වලට තමන්ව බඳුන් වෙද්දී තමන් අප්සට් ගහන්න හොඳ නෑ. හිතන්න "එයාගෙ කුඹුර එයා වගා කරගත්තාවෙ එයාට ඕන හැටියට. අපි මක් කරන්නද? මගේ කුඹුර මං වගාකරගන්නවා මට ඕන හැටියට" එතකොට තමන්ගේ කුඹුර එයා වෙන අයට වගාකරන්න දෙන්නෙ නෑනෙ.

තමන්ගේ කුඹුර වෙන කෙනෙකුට වගා කරන්න දෙන්න එපා....

තව කෙනෙක් බැනලා, ගරහලා, අපහාස කරපු ගමන් අපිත් ඒකට ගරහන්න අපහාස කරන්න ගියොත් එතකොට තමන්ගේ කුඹුරට බීජ සපයන්නෙ කවුද? අර බැනපු කෙනා සපයන්නෙ. කවුරුහරි අපිට බැනලා ගරහලා අපහාස කරනවා. එතකොට අපිත් පෙරලා කරනවා ඒක. එතකොට අරයා අපිට බීජ දුන්නා නේද වගාකරගන්න. එහෙම නොකොට ඒ වගේ දේවල් එනකොට තමන් ඉවසාගෙන 'මේක ලෝකෙ හැටි. මේක මේ සමාජයේ ජීවත්වෙනකොට මූණ දෙන්න තියෙන හැටි. මේ දුෂ්ට ලෝකෙ හැටි. එයාගේ කුඹුර එයා වගාකර ගනියි. එයා එයාගේ එල නෙළාගනියි. මං මගේ කුඹුර වගාකර ගන්නවා' කියලා කල්පනා කරන්න ඕන.

තව කෙනෙක් බැනපු ගමන් තමන්ගේ හිතේ ක්‍රෝධය හටගත්තොත් ඒ බීජ දුන්නෙ කවුද? අර බැනපු කෙනා. එහෙනම් කුඹුරු දෙක සමානයි. තව කෙනෙක්

තමන්ට ඉරිසියා කරලා ගරහනවා. තමනුත් ඉරිසියා කරලා ගරහනවා. කුඹුරු දෙක සමානයි නේද? එහෙම සමාන නොවෙන්න නම් එක එක්කෙනාට වගා කරන දෙයක් වගා කරගන්න අරින්න. අපට ඔක්කෝම නවත්තන්න බෑ. තමන්ගේ වගාව පරිස්සමින් කරන්න.

බුදුරජාණන් වහන්සේ නමකගේ ශ්‍රාවකයෙක් වෙන්න ලැබීම දුර්ලභ එකක්....

මං කිව්වේ ඒකයි, තමන්ට උසස් තත්වයකට පත්වෙන්න ඕනෙ කියලා අපේක්ෂාව තියෙන්න ඕනෙ. ඒ අපේක්ෂාවෙන් තමයි පුද්ගලයා ලෝභ නැති කෙනෙක් වෙන්නෙ, සතුට උපදින විදිහට පින් කරගන්න ලැබෙන්නේ. බුදුරජාණන් වහන්සේ නමකගේ ශ්‍රාවකයෙක් වෙන්න ලැබීම අපට කොයිතරම් දුර්ලභ එකක්ද මේ. ඒ නිසා බුදුරජාණන් වහන්සේගේ ධර්මයට පැමිණිලා, මේ ධර්මය ඉගෙන ගෙන, අපි මේ රැස් කරන පින් අපට මේ ගෞතම සාසනයේ චතුරාර්ය සත්‍යය අවබෝධ කරගන්න හේතු වාසනා වේවා....!

සාදු! සාදු!! සාදු!!!

02.

සවස් වරුවේ ධර්ම දේශනය...

(සේරිස්සක විමාන වස්තුව ඇසුරින්...)

ශ්‍රද්ධාවන්ත පින්වත්නි,

අද උදේ වරුවේ අපි ඉගෙන ගත්තේ අම්බසක්ඛර කියන රජ්ජුරුවෝ අර භූතයෙක් එක්ක කතා කරපු සිද්ධිය. හවස් වරුවේ අපි ඉගෙන ගන්නේ ඊට ටිකක් වෙනස් එකක්. නමුත් ඒ වගේම එකක්. බුදුරජාණන් වහන්සේ පිරිනිවන් පෑවට පස්සේ කුමාර කස්සප කියන මහ රහතන් වහන්සේ පන්සීයක් භික්ෂූන් වහන්සේලා පිරිවරාගෙන (කෝසල රාජධානියට අයත්) සේතව්‍යා කියන නගරේ චාරිකාවේ වැඩියා.

ඒ කාලයේ ඒ නගරේ හිටියා පායාසි කියලා රාජන්‍ය කෙනෙක්. රාජන්‍ය කියලා කියන්නේ ඔටුනු පළන්දලා නෑ, නමුත් රජෙකුගේ බලතල තියෙනවා. එයාට කියන්නේ රාජඤ්ඤ (පාලියෙන්). මේ රාජන්‍යයා මැරුණට පස්සේ නැවත උපදින්නෙ නෑ කියන මිසදිටු මතයේ හිටියේ. දවසක් මේ පායාසි රාජන්‍යයා දවල් කාලේ බත් කාලා හාන්සි වෙලා හිටියා සඳලුතලේ හාන්සි පුටුවේ.

කොහේද මේ මිනිස්සු යන්නේ....?

ඒ වෙලාවේ මහා ජනකායක් කුමාර කස්සප මහ රහතන් වහන්සේ බැහැදකින්න යමින් හිටියා. මේ පායාසී රාජන්‍යයා මේක දැක්කා. දැකලා ළඟ ඉන්න සේවකයාට අඬගහලා ඇහුවා 'කොහේද අර මිනිස්සු මේ යන්නේ?' සේවකයා කිව්වා මෙහෙමයි කුමාර කස්සප කියලා ශ්‍රමණයන් වහන්සේ නමක් වැඩලා. බොහෝම කල්‍යාණ ප්‍රතිභානයෙන් යුක්තයි. බොහොම ලස්සනට ධර්ම කතාව කරනවා කියලා. 'එහෙනම් පොඩ්ඩක් ඔය මිනිස්සුන්ට නවතින්න කියන්න. ඒ කුමාර කස්සප ශ්‍රමණයා ඔය මිනිස්සු ටික නොමග යවන්න ඉස්සෙල්ලා මාත් එන්නම්' කිව්වා. කියලා දැන් මෙයා ගියා. ගිහිල්ලා ඊට පස්සේ මෙයා එක එක කරුණු කියනවා මේ සත්වයා මරණින් මත්තේ නැවත උපදින්නේ නෑ කියන මතය සනාථ කරන්න.

මෝඩපහේ පර්යේෂණ....

නිකම්ම නිකම් නෙමෙයි, එයා ඒකට කරපු මෝඩපහේ පර්යේෂණ ගැනත් කිව්වා. මොනවද ඒ? මරණයට කැප වෙච්ච මිනිස්සුන්ව ලොකු මුට්ටියකට දැම්මා. දාලා උඩින් වැහුවා. වහලා වටේට මැටි ගැහුවා. යටින් ගින්දර දැම්මා. දාලා කිව්වා හොඳට රෝස් වෙනකම් ඉඳලා හිමීට ඇරලා බලහල්ලා ආත්මේ පිටවෙනවාද කියලා. හොයාගන්න නෑ.

ඊට පස්සේ පව් කරපු අයට මරණ දඬුවම් දෙනවනෙ. ඒ අපරාධකාරයන්ට කිව්වා 'අපිට දැන් පොතේ පතේ එක එක්කෙනා කියනවා පව් කරපු මැරිලා

නිරයේ උපදිනවාය කියලා. උඹට දැන් මරණ දඬුවම දුන්නට පස්සේ නිරයේ ගියොත් ඇවිල්ලා කියාපං' කිව්වා. ආපු එකෙක් නෑ.

කන්ට සූත්තරේ....

පින් කරපු උදවිය ළඟට ගියා. ගිහින් කිව්වා 'පින් කරපු අය දෙවියන් අතරට යනවා කියනවා. දෙවියන් අතරට ගියොත් නොවැරදීම ඇවිල්ලා මට කියාපං' කිව්වා. එකෙක් ආවෙ නෑ. ඒකෙන් මේකෙන් මෙයා සම්පූර්ණ මතයක බැහැගත්තා මරණින් මත්තේ මොකෝවත් නෑ කියලා. එතකොට කවුරුවත් පිනක් පවක් ගැන කතා කළොත්, දානයක් දීපං ය කියලා කිව්වොත් හිතන්නේ මොකක්ද මේ? කන්ට සූත්තරේ. මේ කන්ට හදාගත්තු ගැටයක් කියලා හිතුවා. හිතලා මේකට සම්පූර්ණයෙන්ම මෙයා දැන් විරෝධේ.

මිසදිටුව අත්හැරියා....

කුමාර කස්සප මහ රහතන් වහන්සේ හරිම ලස්සනට නොයෙක් උපමා භාවිතා කරමින් රජ්ජුරුවන්ට මේ කාරණය පැහැදිලි කරලා දුන්නා. කියවලා බලන්න දීඝ නිකායේ පායාසී සූත්‍රය. ඒ ධර්ම සාකච්ඡාව ඉවර වෙනකොට මෙයා පිළිගත්තා මරණින් මත්තේ කර්මානුරූපව උපදින්න වෙනවා කියලා. එදා ඉඳලා එයා දානෙ දෙන්නත් ආසා කළා. දන් වැටක් පිහිටෙව්වා. ගබඩාවෙන් දානෙට නිවුඩු හාල් නිකුත් කරනවා. කාඩි හොද්දට බඩුත් දෙනවා. දැන් එතකොට මොනවද තියෙන්නෙ දන්පොලේ? නිවුඩු හාලේ බතුයි කාඩි හොදියි.

"එකල්හී පායාසී රාජන්‍ය තෙමේ ශ්‍රමණ බ්‍රාහ්මණ දුගී මගී යාචකාදීන්ට දානයක් පිහිටෙව්වේය. ඒ දන් වැටේ වනාහී මෙබඳු බොජුන් දෙනු ලැබේ. කාඩිහොදිත්, නිවුඩු හාලේ බතුත්ය. ඒ වගේම ලොකු වාටි ඇති ගොරෝසු රෙදිය. එකල්හී ඒ දානයේදී උත්තර නම් තරුණයෙක් දන් කටයුතු සොයා බැලීමෙහි නිරත විය" එතකොට දානයේ කටයුතු සොයාබලන්න බාරව හිටියේ උත්තර කියලා තරුණයෙක්. ඒක තමයි එයාගේ රස්සාව. මෙයා දානෙ පූජා කරලා හැමදැම කියනවා. 'අනේ... මේ ජීවිතේ මට මේ පායාසී රාජන්‍යයා ගාව රස්සාව කරන්න ලැබුනා. මේ දානය හේතුවෙන් පරලොවදී එසේ නොවේවා. මේ දානයේ පිනේ බලෙන් මට පරලොවදී නම් මේ වගේ විපතක් වෙන්ට එපා' කියලා.

ඇයි ඔබ මේ වගේ ප්‍රාර්ථනාවක් කරන්නේ....?

එතකොට උත්තර තරුණයා නැවත නැවත මේක කියනකොට මිනිස්සු ගිහින් අරයගෙ කනේ තිබ්බා. ඊට පස්සේ පායාසී රජ්ජුරුවෝ මෙයාට අඬගැහුවා. අඬගහලා ඇහුවා 'දරුව, හැබෑද මං නුඹට මේ දන්වැට පැවරුවාට පස්සේ නුඹ මේ වගේ ප්‍රාර්ථනාවක් කරනවාය කියන්නේ? මේ ආත්මේ පායාසී රාජන්‍යයා සමග මං එකතු වෙලා ඉන්නවාද, මට පරලොවේදී නම් මේ දානයේ අනුසස් බලයෙන් එහෙම වෙන්න එපා' කියලා. 'එසේය භවත, මං ඒක පතනවා' කිව්වා.

කොල්ලා බය නෑ. අද වගේ නම් මොකක්ද කියන්නේ? 'නෑ නෑ සර්, මං එහෙම කියනවාද?' කියලා අහයි. මේ පලු යනකම් බැනලා අනිත් පැත්තට ඇහුවොත්

මෙහෙම බැන්නද? 'අනේ මං දන්නෙවත් නෑ' කියනවා. අහනවා 'භවත් දරුව, ඇයි නුඹ මේ වගේ ප්‍රාර්ථනාවක් කරන්නේ? එතකොට පිනෙන් පොරෝජනේ තියෙන අය නෙමෙයිද අපි? අපි පුණ්‍ය විපාක වලට කැමති නැද්ද?' කියලා අහනවා.

කොල්ලා ධර්මය දන්නවා....

කොලුවා කියනවා. 'පින්වත, තමුන්නාන්සේගේ දානයේ තියෙන්නේ කාඩි හොද්දයි, නිවුඩු හාලේ බතුයි. තමුන්නාන්සේ කන බොන භෝජනත් එක්ක බලද්දී ඔය දෙන එක පයින්වත් ස්පර්ශ කරන්න කැමති එකක්ද?' කියලා ඇහුවා. අනුභව කරන කතාව ඇත එකක් කිව්වා. තමුන්නාන්සේ මේ පූජා කරන ගොරෝසු වස්ත්‍ර පයින්වත් ස්පර්ශ කරන්න කැමතිද? කියලා ඇහුවා. පොරවන්න ආස එක ඇත කතාවක් කිව්වා.

ඊළඟට කිව්වා. 'තමුන්නාන්සේ බොහොම හොඳයි, අපිට ප්‍රිය මනාපයි. තමුන්නාන්සේත් එක්ක මගේ දෝසයක් නෑ. හැබැයි මනාප දෙයක් එක්ක මම අමනාප දෙයක් එකතු කරන්නේ කොහොමද?' කියලා ඇහුවා. 'මම කැමති නෑ මේවා දෙන්න. මං අකමැති දෙයක් මට දැන් දෙන්න වෙලා තියෙනවා. මං කොහොමද මේක කරන්නේ?' (කොල්ලා ධර්මය දන්න බව පේනවා)

සත්පුරුෂ දානය හා අසත්පුරුෂ දානය....

එතකොට පායාසී රාජන්‍යයා කියනවා 'එසේ නම් උත්තර දරුව, මම යම් බොජුනක් අනුභව කරනවාද, ඒ භෝජනේම දන්සැලෙත් දීපං. (ඔන්න වෙනස් වුනා) මම

යම් වස්ත්‍රයක් පොරවනවාද, ඒ වස්ත්‍රම දන්සැලෙත් පූජා කරපං' කිව්වා. ඉතින් මේ කොල්ලා බොහෝම සතුටු වෙලා ඒ විදිහට ම කළා. ඊට පස්සේ මොකද වුනේ? "එකල්හී පායාසී රාජන්‍ය තෙමේ සකස් නොකොට දන් දී, සිය අතින් දන් නොදී, ගෞරව නැතුව දන් දී, බැහැර කරන දෙයක් සෙයින් දන් දී, කය බිඳී මරණින් මතු චාතුම්මහාරාජික දෙවියන්ට යටත් වූ සේරිස්සක නම් හිස් විමානයක උපන්නේය. දාන කටයුතු වල නිරතව සිටි උත්තර නම් තරුණයා සකස් කොට දන් දී, සිය අතින් දන් දී, ගරු සරු ඇතුව දන් දී, බැහැර නොකරන දෙයක් දන් දී, කය බිඳී මරණින් මතු සුගති සංඛ්‍යාත තව්තිසා දෙව්ලොවට ගියේය" කොල්ලා කොහේද ගියේ? තව්තිසාවේ. සර් කොහෙද ගියේ? පහළ.

මොකක්ද මේ සේරිස්සක විමානය....?

ඔන්න ඊට පස්සේ විස්තරේ බලමු සේරිස්සක විමානය කියන්නේ මොකක්ද්‍යි කියලා. කාශ්‍යප බුද්ධ කාලේ බොහෝම ගුණධර්ම ඇති එක් රහතන් වහන්සේ නමක් වැඩහිටියා. මේ රහතන් වහන්සේ එක්තරා ප්‍රදේශයක පිඬුසිඟා වඩිනවා. වැඩලා එක තැනකට ගිහිල්ලා දානෙ වළඳනවා. දැන් මේක එක ගවපාලනය කරන මනුස්සයෙක් ඒ කියන්නේ ගොපල්ලෙක් දැක්කා. දැක්කා මේ තෙරුන්වහන්සේ හැමදාම ගිහින් එක්තරා තැනක දානෙ වළඳලා පිටත් වෙනවා.

දැකලා හිතනවා 'අනේ මුන්වහන්සේට අව්වයිනෙ. කුටියක් හදන්න ඕනේ මෙතන උන්වහන්සේට සුවසේ දන් වළඳින්න' කියලා මහරි කියන ගස් කපලා කුටියක් හදලා මහරි අතු සෙවිලි කළා. හෙවන හිටින්න ඒ මහරි

පැල වටේට හිටෙව්වා. ඒවායේ නම තමයි සේරිස්සක. කාලයාගේ ඇවෑමෙන් මේ ගොපල්ලා මැරුනා. මැරිලා චාතුම්මහාරාජිකයට අයත් ලස්සන විමානයක උපන්නා. ඒ විමානයේ නම සේරිස්සක.

ගවම්පතී මහ රහතන් වහන්සේ....

එතකොට මේ විමානෙ ඒ දිව්‍ය පුත්‍රයා උපන්නෙ කොයි බුද්ධ කාලෙද? කාශ්‍යප බුද්ධකාලේ. මේ බුද්ධාන්තරයේම (ඒ කියන්නේ කාශ්‍යප බුද්ධ කාලේ ඉවර වෙලා, මේ මනුස්ස ලෝකෙ මේ තත්වෙට පත්වෙනකම්ම) ඒකේ තමයි හිටියේ චුත වෙන්නෙ නැතුව. ඉඳලා බුදුරජාණන් වහන්සේ පහළ වෙන්න කිට්ටුව මේන්න මනුස්ස ලෝකෙ බරණැස උපදිනවා. කාගෙ යාළුවෙක්ද? යස කුලපුත්‍රයාගේ යාළුවෙක්.

යස කුලපුත්‍රයාට ප්‍රධාන යාළුවෝ හතර දෙනෙක් හිටියා විමල, සුබාහු, පුණ්ණජි, ගවම්පති කියලා. ගවම්පතී කියන්නේ එයා. යස කුලපුත්‍රයා පැවිදි වුනා කියලා ආරංචි වෙලා මේ යාළුවෝ හතරදෙනා කල්පනා කළා (බලන්න ඒ කාලේ කල්පනා කරන විදිහ) 'මේ අපේ යස කුලපුත්‍රයා පැවිදි වෙන්න ගියේ මේක නම් ලාමක එකක් වෙන්න බෑ. මේක නම් ශ්‍රේෂ්ඨ දෙයක් විය යුතුයි' කියලා අනුමෝදන් වෙලා ඒ හතර දෙනත් ගියා. පැවිදි වෙලා රහත් වුනා.

ස්වාමීනී, මම පායාසී....

ගවම්පති රහතන් වහන්සේ දැන් බැලුවා තමන්ගේ පෙර ජීවිතේ. බලද්දී තමන් කලින් ආත්මේ ඉඳලා තියෙන්නේ කොහෙද? අර සේරිස්සක කියන දිව්‍ය විමානෙ. ඒ විමානෙ අතුරුදහන් වෙලා නෑ. තාම

තියෙනවා. උන්වහන්සේ දවල් කාලේ දානෙ වළඳලා මේ වගේ වෙලාවක විවේකෙන් ඉන්න ඉර්ධියෙන් වඩිනවා සේරිස්සක විමානෙට. ටික දවසක් යනකොට උන්වහන්සේට පේනවා මේ අයිතිකාරයෙක් නැති හිස් විමානෙ මේන්න තවත් එක්කෙනෙක් ඉන්නවා. ඇහුවා 'ඔයා කවුද?' 'ස්වාමීනී, මම පායාසී' පායාසී කිව්වේ කවුද? අර රජ්ජුරුවෝ. 'ඇයි ඔයා මේ වගේ හිස් විමානෙක උපන්නේ?' කියලා ඇහුවා. 'අනේ මම හරි විදිහට දානෙ දුන්නේ නෑ. සකස් කරලා දුන්නෙ නැහැ. මගේ අත් දෙකින් දුන්නෙ නෑ. මං වීසි කරන දේවල් වගේ දුන්නේ'

ධර්මය නොදැන ගත්තා නම් අපිත් අර ලෝභ ගොඩේ තමයි....

දැන් අපි මේවා ඉගෙන ගත්ත නිසානේ මේ ගැන දන්නෙ. හා ඔයගොල්ලො කියන්න වීසි කරනවා වගේ දීපු අවස්ථා නැද්ද, ඉඳා... ගනිං කියලා? තියෙනවනෙ. තමන් රසවත් දේ කාලා නිස්සාර දේ දීපු අවස්ථා නැද්ද? තමන් හොඳට කාලා අනිත් අයට පාන් ගෙනත් දෙනවා 'උඹ පාන් කාපං, අපි බත් කන්නම්' කියලා. වෙලා නැද්ද? වෙලා තියෙනවා. එතකොට ලැබෙන්නෙ අපිට ඊළඟ ආත්මේ බත් නෙමෙයි පාන්. දැන් බලන්න මේ ධර්මය අපි නොදැන ගන්න අපිත් අර ලෝභ ගොඩේ නේද? ඒ ලෝභ ගොඩෙන් ගොඩ එන්න ලැබෙන්නේ මේ ධර්මය නිසා.

ඉතින් සේරිස්සක කියන ශූන්‍ය විමානයේ පහළ වෙච්ච මේ පායාසී කියන චාතුම්මහාරාජිකයට අයිති දිව්‍ය පුත්‍රයා වෛශ්‍රවන දිව්‍ය රාජයා බැහැදකින්න ගියා. ගියාට පස්සේ වෛශ්‍රවණ දිව්‍ය රාජයා කිව්වා 'හොඳයි...

එහෙනම් සේරිස්සක විමානෙ හිටපං. කාන්තාරේ අතරමං වෙලා ඉන්න මිනිස්සුන්ට උදව් කරහං දැන්වත්' කිව්වා. ඔන්න දැන් ඉතින් වරම් ලැබුනා. මොකක්ද ලැබිච්ච වරම. කාන්තාරේ අතරමං වෙලා ඉන්න අයට උදව් කරන්න.

මරු කතරේ අතරමං වූ ගැල් කණ්ඩායම....

"සේරිස්සක දිව්‍ය පුත්‍රයාගේත් ඒ වෙළඳුන්ගේත් එක්වීම යම් තැනක සිදුවුනා. එය අහන්න. ඔවුන් විසින් පවසන ලද මේ සුභාෂිත කතාව සියලු දෙනාම අහගෙන ඉන්න. සේතව්‍යා නුවර පායාසී කියලා රජ කෙනෙක් හිටියා. ඔහු යසස් ඇති භූමාටු දෙවියන් අතර උපන්නා. (එතකොට පායාසී කොහෙද උපන්නේ? භූමාටු දෙවි කෙනෙක් වෙලා) ඒ දෙවියා තමන්ගේ විමානෙ සතුටින් ඉන්නවා. අමනුස්සයෙක් වූ ඒ දෙවියා මිනිස්සුන්ට මෙහෙම කිව්වා"

ඒ කියන්නේ ගැල්කරු පිරිසක් සින්ධුසෝවීර දේශයට ඒ කියන්නේ දැන් අපි වර්තමානයේ ගත්තොත් ඒක අයිති වෙන්නේ පකිස්ථාන් පැත්තට. ශ්‍රාවස්ථිය පැත්තේ ඉඳලා යනකොට හම්බ වෙනවා පකිස්ථාන්, ඔය රාජිස්ථාන් පැත්තට වෙන්න ලොකු කාන්තාරයක්. ඒ කාන්තාරේ තමයි මේ ප්‍රශ්නෙ වුනේ. ඊට එහා පැත්තෙ තමයි සින්ධු කියන නදිය තියෙන්නේ. ඉතින් මේ සින්ධුසෝවීර දේශයට යන ඒ ගැල් කණ්ඩායම කාන්තාරේ අතරමං වුනා.

හොයන්නෙ බලන්නෙ නැතුව ආවෙ මොකෝ....?

මේ සේරිස්සක ඒගොල්ලෝ ඉදිරියේ පෙනී හිටලා

අහනවා "අමනුස්සයන්ගේ වාසස්ථාන තියෙන මේ සැක සහිත වනාන්තරේ, අල්ප ආහාර ඇති, අල්ප ජලය ඇති මේ කාන්තාරයේ, මේ ගමන හරී දුෂ්කරයි. මේ වැලිකතර මැද්දේ තනි වෙලා සැකෙන් බියෙන් මැරෙන්ට යන මිනිස්සුනේ, මේ වැලිකතරේ පළතුරු නෑ. අල වර්ග නෑ. ගින්දරට ඕන කරන දෙයක් නෑ. කෑම්බීම් කොහේ ලැබෙන්ටද? මෙහි තිබෙන්නේ රත්වෙලා ගිය දරුණු රළු පසයි වැලියි විතරයි.

මේක රත්වෙච්ච ගිනි කබලක් වගෙයි. සැපයක් නෑ. පරලොව නරකයක් වගෙයි. බොහෝ කල් ඉඳලා පිසාචයන්ට වාසස්ථාන වෙච්ච තැනක්. මේ ප්‍රදේශය ඍෂිවරුන්ගෙන් ශාප ලත් බිමක් වගෙයි. ඉතින් මේ වගේ ප්‍රදේශයකට හොයන්නෙ බලන්නේ නැතුව හිතුවක්කාර විදිටහ ආවේ මොකෝ? ලෝභය නිසාද? එහෙම නැත්නම් භයටද? එහෙම නැත්නම් මං මුළා වුනාද?" කියලා අහනවා.

සින්දුසෝවීර දේශයට යන ගමන්....

අහනකොට කියනවා. "පින්වත් දිව්‍ය පුත්‍රය, අපි අංග මගධ කියන රටවල් වල ඉන්න ගැල්කරුවෝ" එහෙනම් මේගොල්ලෝ ශ්‍රාවස්ථි වල නෙමෙයි ඉන්නේ. අංග මගධ. මගධ රාජ්‍යයේ තිබුන අගනුවර මොකක්ද ඒ කාලේ? රජගහ නුවර. රජගහ නුවරට නැගෙනහිර පැත්තේ ගංගා නම් ගඟෙන් එහා පැත්ත තමයි අංග කියලා කිව්වේ. ඉතින් මේගොල්ලෝ කියනවා "පින්වත් දිව්‍ය පුත්‍රය, අපි අංග මගධ කියන රටවල් වල ඉන්න ගැල්කරුවෝ. අපි බඩුමුට්ටු පුරවගෙන මේ සින්ධු සෝවීර කියන දේශයට යන ගමන්. මිලමුදල් උපයාගන්න අදහසින් අපි මේ ගැල්

ගමන යන්නේ. (එතකොට යන්නෙ මොකේටද? බිස්නස් වලට)

දවල් කාලේ පිපාසෙ උහුලගන්න බෑ. ගොනුන්ටයි මිනිසුන්ටයි පහසු තැනක් හොයාගෙන තමයි අපි මේ හනික හනික ආවේ. අපි සියලු දෙනා රෑ මාර්ගයට ආවේ සුදුසු කාලෙ නෙමෙයි. අපිට ගමන යන්ට බැරිවුනා. පාර වැරදුනා. අන්ධයන් වගේ ආකූල වුනා. මේ කාන්තාරේ හොඳටම මං මුළා වුනා. දුර්ග මංමාවත් ඇති මේ වැලිකතර මැද්දේ අපි හිත අවුල් වෙලා ඉන්නේ. දිසාව හොයාගන්න බෑ"

මමත් ඔබගෙන් තොරතුරු දැනගන්න ආසයි....

ඊට පස්සේ කියනවා "පින්වත් දිව්‍ය පුත්‍රය, මේ වගේ දෙයක් අපි කලින් දැකලා නෑ. මේ විමානෙ හරි ලස්සනයි. (එතකොට මේ මිනිස්සුන්ට මේ විමානෙ පේනවා) මේ විමානෙ දැක්කට පස්සේ අපිට හිතුනා අපට ජීවිතය ලැබුනා කියලා. අපි දැන් සතුටු සිතින් ඉන්නේ" එතකොට කියනවා "මිනිස්සුනේ, මුහුදෙන් එතෙරත්, මේ වගේ වැලි කතරෙත්, වේවැල් බැඳ යන මාර්ගවලත්, කණු සිටුවලා යන මාර්ග වලත්, ගංගා පර්වත ආදී දුර්ගම ස්ථාන වලත්, මිල මුදල් හම්බ කිරීම පිණිස නුඹලා බොහෝ දිසාවල යනවා නේද? වෙන රජවරුන්ගේ රාජධානි වලට නුඹලා ගිහිල්ලා ඇති නේද? නුඹලා මොන වගේ දේවල් ද දැක්කේ? මොන වගේ රාජධානිද දැක්කේ? මොන වගේ ලස්සන තැන්ද දැක්කේ? ඒ තොරතුරු අහන්න මාත් ආසයි" කියනවා. කවුද මේ කියන්නේ? සේරිස්සක දිව්‍ය පුත්‍රයා. පායාසී.

සේරිස්සකගේ දෙව්විමනේ අසිරිය....

එතකොට කියනවා "දිව්‍ය පුත්‍රය, මීට වඩා ලස්සන අසිරිමත් දෙයක් ගැන නම් අපි අහලත් නෑ. දැකලත් නෑ. දන්නෙත් නෑ. මේක නම් මිනිස් සැප ඉක්මවා යනවා. මේ ආනුභාවය දැකලා සෑහීමකට පත්වෙන්නෙ නෑ අපේ සිත" කියනවා. ඒ කියන්නේ එහෙනම් චාතුම්මහාරාජිකය වගේ පහළ දිව්‍ය ලෝකෙක තියෙන ලාමක සැපයත් සාමාන්‍ය මේ මිනිස්සු වසඟ වෙන ස්වභාවය ඉක්මවා ගිහිල්ලා තියෙන්නේ.

දැන් මේ ලාමක සැපය හැටියට කියන ටික තමයි මේ විස්තර වෙන්නේ. කුමක්ද? "ආකාසයේ පැන් පොකුණු එල්ලෙනවා. බොහෝ මල් තියෙනවා. බොහෝ සුදු නෙළුම් තියෙනවා. පළතුරු පිරී ගිය ගස් තියෙනවා. අතිශයින්ම සුවඳවත් දිව්‍ය සුවඳ වහනය වෙනවා. වෛරෝඩි මාණික්‍යයෙන් කරපු උස කණු තියෙනවා. පබළු වලින් කළ සැරසිලි තියෙනවා. මැසිරිගලින්, පද්මරාග මැණික් වලින් කරපු කණු තියෙනවා. ඒ හැම එකක්ම බබළනවා. (මේවා අපිට දකින්න තියෙනවද මනුස්ස ලෝකෙ? නෑ)

මිනිස් සැප ඉක්ම වූ දිව්‍ය සැපය....

දහස් ගණන් කණු තියෙනවා. මේවා මනුස්ස ලෝකෙ දේවල් වලට සමාන කරන්න බෑ. ඒ කණු උඩ ඔබේ ලස්සන විමානෙ තියෙන්නේ. රන්වන් වේදිකාවක රන්පට (රත්තරන් වස්ත්‍ර) ලස්සනට සරසලා තියෙනවා. මේ විමානෙ හරී මටසිලුටුයි. දඹරන් පැහැයෙන් බබළනවා. ප්‍රාසාදයට නගින්න ලස්සන පඩිපෙලවල් තියෙනවා. හරී පිළිවෙළයි. මේ විමානය අතිශයින්ම දැකුම්කළුයි.

මේ ලස්සන විමානය ඇතුලේ (දැන් මේ මිනිස්සුන්ට පේනවා මේ ඔක්කොම) කෑමබීම පිරිලා තියෙනවා. දිව්‍ය අප්සරාවන් පිරිවරාගෙන ඉන්නවා. මිහිඟු බෙර, පණාබෙර, තූර්යනාද ආදියෙන් සොඳුරු ඝෝෂා නැගෙනවා. ස්තුති ගීතිකා ගැයෙනවා. ඔබ මේ දිව්‍ය අප්සරාවන් පිරිවරාගෙන සතුටු වෙන කෙනෙක්. මනෝරම්‍ය වූ මේ දිව්‍ය විමානයේ තියෙන සැප සම්පත් ගැන නම් අපට සිතලා ඉවර කරන්න බෑ”

වීදුරු ගොඩනැගිලි....

දැන් බලන්න මිනිස්සුන්ට මේ ලෝකෙ සාමාන්‍ය ගොඩනැගිල්ලක් දැක්කත් මත්වෙනවනෙ. වර්තමානයේ ගොඩාක් ගොඩනැගිලි තියෙන්නේ වීදුරුනෙ. දැන් ඔය පිටරටවල් වල ගොඩාක් උසට තියෙන ගොඩනැගිලි වීදුරු. සුටුස් ගාලා කුඩු පට්ටම් වෙන ඒවා. කණු හිටවලා උසට තියෙනවා වීදුරු වලින් දිගට වහලා. ඉර අව්ව වැටෙනකොට දිලිසෙනවා. මේකට තමයි අපි කියන්නේ බොහෝම ලස්සනයි කියලා.

ඉතින් කියනවා “හරියට මේක වෙසමුණි රජ්ජුරුවන්ගේ නලිනී කියන ප්‍රාසාදය වගේනෙ. (මේ මිනිස්සු ඒවායේ නමුත් දන්නවා ඒ කාලේ) දිව්‍ය පුත්‍රය, තමුන්නාන්සේ කවුද? තමුන්නාන්සේ දේවතාවෙක්ද? එහෙම නැත්නම් ආනුභාව සම්පන්න යකෙක්ද? එහෙම නැත්නම් ශක්‍රයාද? එහෙමත් නැත්නම් මනුස්සයෙක්ද? ඇත්තෙන්ම කවුද ඔබ?” කියලා අහනවා.

මම සේරිස්සක. මම තමයි මේ ප්‍රදේශය පාලනය කරන්නේ....

එතකොට කියනවා "වෙළෙන්දනි, මගේ නම සේරිස්සක. මම යක්ෂයෙක්" කියනවා. යක්ෂයෙක් කියන එකේ තේරුම මොකක්ද? දළ තියෙන, ඇස්ලොඳ එළියට ආපු, දිව පහළට නෙරාපු, ඇගේ මවිල් පිරිච්ච එහෙම කෙනෙක්ද? යක්ෂයෙක් කිව්වහම අපිට ඒකනෙ හිතට එන්නේ. යක්ෂයින්ට අධිපති කවුද? වෛශ්‍රවණ දිව්‍ය රාජයා. වෛශ්‍රවණ කියන දිව්‍ය රාජයා යටතේ ඉන්න යක්ෂ කියන ගණයට අයිති දිව්‍ය පුත්‍රයෙක්.

කියනවා "මං මේ කාන්තාර සහිත වැලිකතර ආරක්ෂා කරන කෙනෙක්. මං තමයි මේ ප්‍රදේශයේ පාලකයා. වෙසමුණි රජ්ජුරුවන්ගේ වචනෙට අනුවයි මං පාලනය කරන්නේ." එතකොට මැරුණට පස්සෙත් පාලකයෙක්. මැරෙන්න ඉස්සෙල්ලත් පාලකයෙක්. බලන්න යන විදිහනේ? එහේ හිතුවක්කාරකම් බෑ. ඇයි එහෙම පාලනය කරන්න ගියොත් රජ්ජුරුවෝ මොකක්ද කරන්නේ එයාව? හිර කරනවා.

මේ ඔක්කොම මට ලැබුනේ මං කරගත්තු පින් නිසා....

එතකොට මිනිස්සු අහනවා "දිව්‍ය පුත්‍රය, එතකොට මේ තරම් සැප සම්පත් ඔබට ඉබේ පහළ වුනාද? එහෙම නැත්නම් ඔබට පොඩ්ඩක් තිබිලා ක්‍රමක්‍රමයෙන් පරිනාමයට පත්වුනාද? එහෙම නැත්නම් ඔබ විසින් උපදවා ගත්තාද? එහෙම නැත්නම් දෙවිවරු තෑගි දුන්නාද? මේ සැප

සම්පත් ඔබට ලැබුනේ කොහොමද?" කියලා ඇහුවා. (මොළේ තියෙන මිනිස්සු නේද? දැන් මේ වගේ එකක් අපට අහන්න හිතෙනවද? නෑනෙ)

අහනකොට කියනවා "පින්වත් වෙළෙන්දනි, මාගේ මේ සැප සම්පත් ඉබේ පහළ වුනා නොවේ. ක්‍රමක්‍රමයෙන් පරිණාමයට පත්වුනාත් නොවෙයි. (ගස්කොළන් නම් අපි හිටෙව්වා. කෙමෙන් කෙමෙන් පරිණාමයට පත්වෙලා එල හටගන්නවා. මේක එහෙම නෙමෙයි) තමන් විසින් උපදවාගත්තත් නොවේ. දෙවිවරු දුන්නෙත් නෑ. මං කරගත්තු පින් නිසයි මේවා ලැබුනේ"

අද කාලේ වෙළෙන්දෝ නම්....

එතකොට අහනවා "පින්වත් දිව්‍ය පුත්‍රය, ඔබ කරගත්තු පින කුමක්ද?" මේවා කවුද අහන්නෙ? අර වෙළෙන්දෝ ටික අහන්නෙ. මේ කාලේ වෙළෙන්දන්ට පාර වැරදිලා ගියොත් ඕවා අහ අහ ඉන්නෙ නෑ. මොකක්ද කරන්නේ? පුළුවන් නම් ඒ දෙවියත් අත්අඩංගුවට අරගෙන, අර විමානෙට පැනලා, අර අප්සරාවියන්වත් අල්ලගෙන, අර කෑම්බීම් ටිකත් අනුභව කරලා පනින්නෙ නැද්ද? ආන්න වෙනස.

මේගොල්ලෝ කලබල නෑ. කලබල නැතුව අහනවා. "ඔබ සමාදන් වුනේ මොකක්ද? ඔබේ බඹසර ජීවිතේ මොකක්ද? ඔබ මොනවද පුරුදු කළේ? ඔබට කොහොමද මේ මනස්කාන්ත සැප සම්පත් ලැබුනේ?" එතකොට මේ සේරිස්සක දිව්‍ය පුත්‍රයා කියනවා. "මං ගිය ආත්මේ කොසොල් ජනපදයේ පොඩි රජෙක්. මං පායාසී කියන නමින් ප්‍රසිද්ධ වෙලා හිටියේ. හැබැයි මං පින්පව්

විශ්වාස කළේ නෑ. මං හරි ලෝභ කුණෙක් ඒ කාලේ. මං හරි පව්ටු කෙනෙක්. මරණයක් විශ්වාස කළේ නෑ"

සේරිස්සක මනුලොවදී රැස්කළ පින්....

එයාට කියන්නේ මොන වාදියා කියලද? වාද දෙකක් තියෙනවනෙ. ශාස්වත වාද, උච්ඡේද වාද කියලා. මෙයා මොන වාදයටද අයිති? උච්ඡේදවාදයට. උච්ඡේද කියන්නේ නැසීමට යනවා. ශාස්වත කියන්නේ පවතිනවා කියන එක. ඒ ආත්මවාද දෙක. "ඒ කාලේ කුමාර කස්සප නමින් උත්තම ශ්‍රමණයන් වහන්සේ නමක් හිටියා. උන්වහන්සේ බහුශ්‍රැතයි. විචිත්‍ර ධර්මකථිකයි. උදාරයි. උන්වහන්සේ මට ධර්මය කියාදුන්නා. එදා මගේ ඒ ලාමක දෘෂ්ටිය මං ඉවත් කළා.

උන්වහන්සේ ගේ ධර්මය අහලා මං උපාසකයෙක් වුනා. තෙරුවන් සරණ ගියා. මං සතුන් මැරීමෙන් වෙන්වුනා. සොරකම් කිරීමෙන් වෙන්වුනා. මත්පැන් බිව්වේ නෑ. බොරු කිව්වේ නෑ. සියබිරිඳ ඉක්මවා ගියේ නෑ. මේක තමයි මගේ ව්‍රතය. ඒක තමයි මගේ බඹසර. මං ඒක හොඳට පුරුදු කළා. ඒ නිසයි මට මේ විමානෙ ලැබුනේ"

පින්කළ කෙනා ගිය ගිය තැන සැප ලබනවා....

ඊට පස්සේ කියනවා "ප්‍රඥාවන්ත මිනිසුන් කියාදෙන්නේ ඇත්තක්මයි. ඒ නුවණැත්තන්ගේ වචන වෙනස් වෙන්නෙ නෑ. පින් කරගත්තු කෙනා යම්ම තැනක යනවා නම් ඒ ගිය ගිය තැන තමන් කැමති සැප

ලබා සතුටු වෙනවා. අකුසල් කළ පුද්ගලයා යම් ම තැනක යනවා නම්, ඒ ගිය ගිය තැන සෝක වැළපීම් ලැබෙනවා. වධ වේදනා ලැබෙනවා. බන්ධන ලැබෙනවා. අයහපත ලැබෙනවා. කවදාවත් අපාදුකින් නිදහස් වෙන්නේ නෑ" දැන් මේ සේරිස්සක දිව්‍යපුත්‍රයා බණ කියන්නෙ කාටද? අර වෙළෙන්දන්ට.

ඒ මොහොතේ ඒ දිව්‍ය පිරිස තුළ කැළඹිලි ගතියක් ඇතිවුනා. කලබලයක් ඇතිවුනා. මං මුලා වුන ස්වභාවයක් ඇතිවුනා. එතකොට අර වෙළෙන්දෝ අහනවා "දිව්‍ය කුමාරය, මේ පරිවාර දෙවියන්ගෙත් ඔබෙත් එකපාරට මූණු නරක් වුනේ මොකෝ? දොම්නසක් ඇතිවුනේ මොකෝ? කලබල වුනේ ඇයි?" කියලා අහනවා.

තව ඉන්න තියෙන්නේ අවුරුදු පන්සීයයි....

එතකොට කියනවා "දරුවෙනි, මේ තියෙන්නේ මහරි රුක් වනයක්. මේ වනයේ දිව්‍ය සුගන්ධය හමනවා. දිවා රෑ දෙකේ අන්ධකාරය නැති මේ විමානයට මිහිරි සුවඳ හමනවා. අවුරුදු සීයකට වතාවක් මේ මහරි රුක්වලින් එක එක මල්පෙත්ත ගැලවිලා වැටෙනවා. මේ දැනුත් මල් පෙත්තක් ගැලවිලා වැටුනා. එතකොට තමයි අපි දැනගන්නේ මේ ලෝකෙට ඇවිල්ලා මනුස්ස ආයුෂ වලින් අවුරුදු සීයක් ඉවර වුනා කියලා.

මේ විමානයේ තව ඉන්න තියෙන්නේ අවුරුදු පන්සීයයි. මං ඒක දන්නවා. මගේ ආයුෂත් පිනත් පිරිහෙමින් යනවා. අන්න ඒ ගැනයි මගේ හිතේ ගොඩක් කම්පාව තියෙන්නේ" දැන් එතකොට එයාට කරගන්න දෙයක් ඒ වෙලාවේ නැහැ. ඇයි එයාට කව්රුත් මුණ ගැහෙන්නෙත් නෑනෙ මේක කියන්න. ඇයි ඉතින් එයාට

අවසර තියෙන්නේ එතන්ට ආපු කෙනෙකුට උදව් කරන්න විතරයි. මං හිතන්නේ මේ වෙලාවෙත් ඒ දෙවියා කරන්න ඇත්තේ ඒ පිරිස ගෙන්නලා මේක කියන්න පාර හරිගස්සගත්ත එක වෙන්න ඕනෙ.

මම නුඹලාට ආරක්ෂාව සපයනවා....

ඊට පස්සේ අර වෙළෙන්දෝ අහනවා "දිව්‍ය පුත්‍රය, මෙච්චර මනස්කාන්ත, මෙච්චර අද්භූත, මෙච්චර ලස්සන විමානයක් තියෙද්දී ආයෙ මොකටද ශෝක කරන්නේ? (ඇයි මිනිස්සුන්ගේ ආයුෂත් එක්ක බලද්දී ඒක ලොකුවට පේන ආයුෂක් නෙමෙයිද?) ඉතින් ආයුෂෙත් අඩුවක් නෑනෙ. පිනෙත් අඩුවක් නෑනෙ. එහෙම වුනා නම් ශෝක කළාට කමක් නෑ" කියනවා. එතකොට කියනවා "දරුවනි, මා කෙරෙහි යහපත හිතලයි නුඹලා ප්‍රිය වචන වලින් මට ඔහොම කියන්නේ. මාත් නුඹලාට ආරක්ෂාව සපයනවා. කැමති තැනකට යන්න සුවසේ යන්න සලස්වලා දෙන්න පුළුවන්"

පව් අත්හරින්න, ධර්මානුකූලව ජීවත් වෙන්න....

එතකොට මිනිස්සු කියනවා "අපි බලාපොරොත්තු වෙන්නේ සල්ලි ටිකක් හම්බ කරගන්න සින්ධුසෝවීර භූමියට යන්නයි. තමුන්නාන්සේට අපි පොරොන්දුවක් වෙනවා. මේ බිස්නස් කරලා සරු වෙලා අපි ගම් රටවල් වලට ගියාට පස්සේ අපි තමුන්නාන්සේගේ නමින් සේරිස්සක කියලා ලොකු පූජාවක් තියනවා" කිව්වා. එතකොට දෙවියා කියනවා "ඔය සේරිස්සක පූජාවල් කරන්න යන්න එපා. දැන් ඔය කියන හැම දෙයක්ම

ඒ විදිහට සිද්ධ වෙයි. (ඒ කියන්නෙ කරදරයක් නැතුව මේගොල්ලන්ට ගිහිල්ලා වෙළඳාම් කරගෙන යන්න පුළුවන් කියන එක) පව් අත්අරින්න. ධර්මානුකූලව ජීවත් වෙන්න"

ගුණවන්ත උපාසකයෙක්....

ඊට පස්සේ කියනවා "වෙළෙන්දනි, දන්නවාද මං ඔබට පෙනී හිටිය කාරණය? ඔය වෙළඳ පිරිස අතරේ උපාසකයෙක් ඉන්නවා. ඒ උපාසක හොඳට ධර්මය දන්න කෙනෙක්. ඒ උපාසක හොඳ සීලවන්තයි. හොඳ ශ්‍රද්ධාවන්තයි. ත්‍යාගවන්තයි. සුපේශලයි. හොඳ නුවණක් තියෙනවා. ප්‍රීති සිතින් ඉන්නෙ. ඒ උපාසක කවදාවත් දැන දැන බොරු කියන්නෙ නෑ. ඒ උපාසක කවදාවත් දැන දැන සතෙක් මරන්න හිතන්නෙ නෑ.

ඒ උපාසක කවදාවත් කේළාම් කියලා සමගි වෙච්ච අය බිඳවන්නේ නෑ. ඒ උපාසක නුවණින් යුක්තව කතා කරනවා. යහපත කතා කරනවා. (දැන් මේ වර්ණනා කරන්නේ කාවද මේ දෙවියා? අර උපාසකව) ඔයගොල්ලන් අතර ඉන්න ඒ උපාසක වැඩිහිටියන්ට ගරු කරනවා. කීකරුයි. විනීතයි. පව් කරන්නෙ නෑ. අධිසීලය තුළ පිරිසිදු වෙච්ච කෙනක්. ඔහු මව්පියන්ව පෝෂණය කරනවා. ආර්ය පැවතුම් වලින් යුක්තයි. ඔහු රස්සාව කරන්නේ මව්පියන්ට උපස්ථාන කරන්න ඕන නිසා. තමන් උදෙසා නෙමෙයි" කියනවා.

ඔහු අනාගතයේ පැවිදි වේවි....

මේ කියන හැටියට ඒ උපාසක සෝවාන් වෙච්ච කෙනෙක් අනිවාර්යයෙන්ම. එක්කො ඊට එහා කෙනෙක්.

ඊට පස්සේ කියනවා "මව්පියන් මැරුණට පස්සේ ඔහු බුද්ධ සාසනයේ පැවිදි වේවි. (ඒවත් දන්නවා) නිවන අවබෝධ කරන්න බ්‍රහ්මචරියාවේ හැසිරේවි. ඔහු ඍජුයි. අවංකයි. ඒ උපාසක සටකපට නෑ. මායා නෑ. පිටින් හොඳක් පෙන්නාගෙන හිතේ වෙන දෙයක් තියන් කතාබස් කරන්නේ නෑ. (දෙවිවරු ඔක්කොම දන්නවා) ඒ විදිහේ යහපත් දෙයක් කරමින් ධර්මයේ පිහිටලා ඉන්න කෙනෙක් පිරිසේ ඉන්දෙද්දී ඔබට දුකක් ලැබෙන්නේ කොහොමද?"

එතකොට මේ පිරිස බේරෙන විදිහට පාර හැදුනේ කවුරු නිසාද? අර උපාසක නිසා. "එම්බා වෙළෙන්දනි, ඒ උපාසක සිටපු නිසයි නුඹලා ඉදිරියට මං ආවේ. ඒ නිසා වෙළෙන්දනි, ධර්මය දකින්න ඕනෙ. ඒ උපාසක පින්වතා නුඹලාගේ පිරිස සමග මේ ගමනට නාවා නම් ආකූල වෙච්ච අන්ධයන් වගේ මේ මරු කතරේ නොයේක් කරදර වලට බඳුන් වෙලා නුඹලා ඉක්මනින් විනාස වෙනවා. ඒකාන්තයෙන්ම සත්පුරුෂයන්ගේ ඇසුර සැපයක් මයි"

දෙවිවරු බැල්ම හෙලන්නේ පූජා වට්ටි වලට නෙමෙයි....

දැන් මේකෙන් අපට තව කාරණයක් අල්ලග න්න තියෙනවා. සේරිස්සක දිව්‍ය පුත්‍රයාට වෙසමුණි දිව්‍ය රාජයාගෙන් වරම් ලැබුනේ කාන්තාරයේ අතරමං වෙච්ච අය රකින්නනේ. කාන්තාරයේ අතරමං වෙච්ච කවුරු රකින්නද? තෙරුවන් සරණ ගිය උපාසකවරු රකින්නයි. ඔන්න බලන්න. දැන් තිසරණයක් මුකුත් නැතුව ලෝකෙට ආඩපාලි කිය කිය දෙවියන්ගෙන් අපි

ඉල්ලනවා ලැබෙයිද? භූතයෙක් වත් බලන්නෙ නෑ.

පූජා වට්ටියක් දුන්නොත් විතරක් භූතයා පූජා වට්ටිය පිණිස පොඩ්ඩක් බලලා යයි යන්න විරිත්තලා. පූජා වට්ටියක් දුන්නහම ලාභ ප්‍රයෝජන පිණිස භූතයෙක් සලකන්න පුළුවනි. නමුත් ඒ ක්‍රමයට සතරවරම් දිව්‍ය රාජ මණ්ඩලයේ අය බලන්නෙ නෑ. දැන් මේකේ හරි පැහැදිලියි නේද? කියනවනෙ මේ උපාසක උන්නැහේ නාවා නම් වෙන දේ. ආකූල වෙලා, අන්දමන්ද වෙලා, අන්ධයො වගේ මේ මරු කතරේ නුඹලාට වෙච්ච දෙයක් හොයාගන්න නෑ කියනවා මේ උපාසක උන්නැහේ නාවා නම්.

දිව්‍ය පුත්‍රය, කව්ද ඔහු....?

ඔන්න බලන්න මේ මනුස්සයෙකුගේ ගුණේ. සත්පුරුෂයන්ගේ ඇසුර ඒකාන්තයෙන් සැපයක් කියනවා. අන්න දැක්කද මේ සේරිස්සක දිව්‍ය පුත්‍රයා වෙසමුණි රජ්ජුරුවන්ගේ අණ ඉෂ්ට කරන විදිහ. දැක්කද මේ කාන්තාරේ අතරමං වෙලා මේ උපාසක පාඩුවේ ඉන්නවා පැත්තක. එයාව රකින්නයි මේ ඔක්කෝටම පෙනී හිටියේ. අර පිරිස දන්නෙ නෑ කව්ද කියලා. වෙළෙන්දෝ ටික එකතු වෙලා අහනවා "පින්වත් දිව්‍ය පුත්‍රය, ඔහු කව්ද? ඔහු මොන වගේ රස්සාවක්ද මේ පිරිස අතරේ කරන්නේ? ඔහුට අපි කියන නම මොකක්ද? මොකක්ද ඔහුගේ ගෝත්‍රය? අපි කැමතියි දැනගන්න. තමුන්නාන්සේ යම් කෙනෙක් කෙරෙහි අනුකම්පාවෙන් අපි ඉදිරියේ පෙනී හිටියා නම් ඒ තමුන්නාන්සේ අනුකම්පාව දක්වපු කෙනා අපේ ගමනේ සිටීම අපිට ලාභයක්මයි. ඒ කවුද?" කියලා අහනවා.

එයාගේ නම සම්භව....

"එයා ඔතන ඉන්නවා. ඒ තමයි තමුන්නාන්සේලාගේ කොණ්ඩෙ කපන කෙනා. කරණවෑමියා. බාබර්. බලන්න හොයලා එයාගේ නම සම්භව. එයා ජීවත් වෙන්නේ පනාවෙනුයි දැලි පිහියෙනුයි. එයාව හඳුනගන්න. එයා කම්කරුවෙක්. එයා බොහෝම උතුම් කෙනෙක්. එයා පහත් කෙනෙක් කියලා ඔයාලා සලකන්න එපා" කියනවා. දැන් බලන්න මේ මනුස්සයෙක් ශ්‍රේෂ්ඨ වෙන්නේ එහෙනම් මනුස්සයෙකුගේ ඇඳුමෙන්ද? නෑ. කිසි දවසක මනුස්සයෙක් වස්ත්‍රයකින් ශ්‍රේෂ්ඨ වෙන්නෙ නෑ. මනුස්සයෙක් ශ්‍රේෂ්ඨ වෙන්නේ ඒ මනුස්සයා යන වාහනෙන්ද? නෑ.

පිරිහෙන ලෝකෙට නම් ඇඳුම ශ්‍රේෂ්ඨයි, වාහනය ශ්‍රේෂ්ඨයි....

මට ළඟදි මහත්තයෙක් කිව්වා එයා බිස්නස් කරන පවුලකට කියලා තියෙනවා 'අනේ පුතේ, ඔය වාහනේ නම් යන්න එපා. ලොකු එකක් ගනිං. සැලකිලි ලැබෙයි' කියලා. ඊට පස්සේ වටිනා වාහනයක් අරගෙන. ඊට පස්සේ ඒ මහත්තයාට කිව්වලු 'අංකල්.... අංකල් කියපු කතාව හරි. දැන් අපිට හරී සැලකිලි' කිව්වලු. එතකොට මිනිස්සු සලකන්නේ මොකේටද? වාහනේට. මිනිස්සු සලකන්නේ ඇඳුමට. මිනිස්සු සලකන්නෙ ලොකු ගෙයක් තිබ්බා නම් ඒකට. එහෙම වෙන්න වෙන්න මිනිස්සු පිරිහෙනවා. මේ පිරිහෙන යුගය.

දැන් බලන්න මෙතන ශ්‍රේෂ්ඨ පුද්ගලයා කව්ද? බාබර්. එතකොට එයා එයා ගැන කවදාවත් හුවා

දක්වලද? එයා පිරිස මැද්දේ එරමිණියා ගොතාගෙන ඉඳලද? නෑ. සමහරවිට එයාට කෑම ටික හම්බ වෙන්නෙ ඔක්කොටම බෙදලා අන්තිමට. ඇයි බිස්නස්කාරයෝ වෙළෙන්දෝ ඔය යන්නේ ලොකු ලොකු අයනේ. කන්න ටික හම්බ වෙන්නෙ අන්තිමට. වතුර ටික හම්බ වෙන්නෙ අන්තිමට. ඇයි එයා කරන්නේ පොඩි රස්සාවක්නෙ. එයා ඒක කරන්නෙත් මොකේටද? දෙමව්පියන්ට සලකන්ට උවමනාවට. හිතේ තියෙන්නෙ මහණ වෙන එක.

සම්භව නිසා සියලු දෙනාට ම ඒ දෙව්විමනට ගොඩවෙන්න ලැබුනා....

ඊට පස්සේ කියනවා "පින්වත් දිව්‍ය පුත්‍රය, ඔබ මේ කතා කරන්නේ කවුරු ගැනද කියලා අපි දන්නවා. හැබැයි ඔහු මෙච්චර උතුම් කෙනෙක් කියලා අපි දැනගෙන හිටියේ නෑ. පින්වත් දිව්‍ය පුත්‍රය, ඔබේ උදාර වචනය අහලා අපි ඒ තැනැත්තා පුදන්න කැමතියි" එතකොට ඒ දිව්‍ය පුත්‍රයා කියනවා "එහෙනම් එයාව මුල්කරගෙන ඔක්කොම මේ විමානෙට ගොඩවෙන්න" කියනවා. ඒ සම්භවගේ පිහිටෙන් තමයි අනිත් අයටත් ඒ විමානෙට රිංගන්න පින ලැබෙන්නේ.

එතකොට කියනවා "ඔය තවලමේ බාල මහලු මධ්‍යම වයසේ යම් අය ඉන්නවා නම්, ලෝභ සිත් ඇති අය ඉන්නවා නම්, දන් දෙන්න අකමැති අය ඉන්නවා නම්, ඒ සියල්ලෝම මේ විමානයට නගිත්වා. මේ පින්ඵල හොඳින් බලත්වා" කියනවා. කියනකොට අර ඔක්කෝම සම්භව කියන පින්වත් උපාසකට පිටිපස්සෙන් පෙළගැහුනා. පෙළ ගැහිලා හැමෝම ශක්‍ර දෙවියන්ගේ තව්තිසා භවනට නගිනවා වගේ ඒ විමානෙට නැග්ගා.

ලස්සන අත්දැකීමක්....

අද අපිට මේවා ස්වප්නෙකින්වත් පේනවාද? ස්වප්න වලින් පේන්නෙත් භය ඒවා. එතකොට බලන්න අද කාලේ කොච්චර දුර්වලයිද? කාලෙට ගරහනවා නෙමෙයි ගැරහිය යුතු දේට ගරහනවා. දැන් ඒගොල්ලන්ට ගොඩාක්ම ගෞරව හටගත්තේ පායාසී දිව්‍ය කුමාරයා ගැනත් නෙමෙයි. අර දිව්‍ය සම්පත් ගැනත් නෙමෙයි. කවුරු ගැනද? අර සම්භව කියන උපාසක ගැන. ඊට පස්සේ ඒ උපාසකට කියනවා 'අනේ ඔබ ලබාගත්තු තිසරණය අපිටත් දෙන්න' කියනවා.

එතකොට ඒ සම්භව උපාසක අර වෙළෙන්දන්ව තිසරණයේ පිහිටුවලා පංචසීලයේ සමාදන් කරවනවා. නුඹලා සතුන් මරන්න එපා. සොරකම් කරන්න එපා. මත්පැන් පානය කරන්න එපා. බොරු කියන්න එපා. සිය බිරිඳ ඉක්මවා යන්න එපා. හැමෝම ඒ ගැන සතුටු වුනා. සතුටු වෙලා ඒ දිව්‍ය විමානෙත් බලලා සමහරවිට එතනදි ඒ දේවතාවුන් වහන්සේ කන්න බොන්න දෙන්න ඇති මේගොල්ලන්ට. ඊට පස්සේ මේ පිරිස සින්ධුසෝවීර භූමියට ගියා. ගිහිල්ලා බොහෝම සාර්ථකව ඒ වෙළඳාම කරගත්තා. කරගෙන කිසි කරදරයක් නැතුව ආපහු ආවා පාටලීපුත්‍රයට. මගධ රාජධානියට ආවා.

එක උපාසකයෙක් නිසා බොහෝ දෙනෙකුට යහපත සැලසුනා....

ඉස්සර භාග්‍යවතුන් වහන්සේ වැඩඉන්න කාලේ මගධ රාජධානිය මොකක්ද? රජගහ නුවර. අජාසත්තගෙන් පස්සේ පාටලීපුත්‍රය. (අජාසත්තනේ රාජධානිය ගෙනිච්චේ

පාටලීපුත්‍රයට) දැන් මේ සිදුවීම වෙද්දි බුදුරජාණන් වහන්සේ පිරිනිවන් පාලනේ. ඔවුන් සුවසේ ගෙවල් වලට ගිහින් ගොඩාක් සතුටු වුනා. සේරිස්සක කියන නමින් සංඝයාට පිරිවෙනක් හැදුවා. පිරිවෙන කියලා කියන්නේ කුටි සේනාසන ගොඩාක් තියෙන තැන. ඉතින් මේකේ කියනවා "ඔය විදිහට සත්පුරුෂ ආශ්‍රය ලැබුණහම මහා යහපතක් වෙනවා. එක ම උපාසක පින්වතෙක් නිසා සියළු සත්වයන්ට ම සැප සැලසුනා" ඊටපස්සේ ඒ සම්භව උපාසක පැවිදි වුනා. රහතන් වහන්සේ නමක් වුනා. බලන්න මේ බුද්ධ සාසනේ තියෙන ලාභය නේද? ඒක පුදුමාකාර ලාභයක්.

උත්තර දිව්‍ය පුත්‍රයාගේ විමානය....

දැන් බලමු උත්තර දිව්‍ය පුත්‍රයාගේ කතාව. උත්තර කියන්නෙ පායාසී රජ්ජුරුවන්ගේ දාන ශාලාව භාරව හිටපු එක්කෙනා. එයා උපන්නේ තව්තිසාවේ. කුමාරකස්සප මහ රහතන් වහන්සේ ළඟට මේ දෙවියෝ වඩිනවා. උන්වහන්සේ අහනවා "පින්වත් දිව්‍ය පුත්‍රය, සක්දෙව් රජුගේ සුධර්මා කියලා දිව්‍ය සභාවක් තියෙනවා. අන්න එතන තමයි දිව්‍ය සමූහයා රැස්වෙන්නේ. ඔබේ විමානෙත් ඒ වගේ නොවැ. මේ උත්තර විමානෙ දොළොස් යොදුනක් විසාලයි"

යොදුනකට කිලෝමීටර් කීයද? දහයයි. එතකොට දොළොස් යොදුනක් කියන්නේ කිලෝමීටර් එකසිය විස්සක් විශාල දිව්‍ය මාලිගාවක්. ආකාසයේ බැබළෙමින් තියෙනවා. එතකොට ඒ මාලිගාවත් එක්කයි මෙයා ආවේ. අහනවා "මහානුභාව සම්පන්න දිව්‍යපුත්‍රය, ඔබ දැන් දිව්‍ය ලෝකෙ අධිපති බවට පත්වෙලා. මිනිස් ලෝකෙ

ඉන්න කාලේ මොනවද කළේ? ඔබේ සිරුරෙන් විහිදෙන එළියෙන් හැම දිසාවම බබළනවා"

සිල්වතුන් වහන්සේලා මට හරි ප්‍රියයි....

එතකොට කියනවා "පින්වත් ස්වාමීනී, මං මනුස්ස ලෝකේ සාමාන්‍ය දුප්පත් කොල්ලෙක්. පායාසි රජ්ජුරුවන්ගේ සේවකයෙක්. මටත් ධනය ලැබුනා. (ඒ කියන්නේ පඩිය හම්බ වෙනවනේ) ඒකෙන් තමයි මං දන් දුන්නේ. සිල්වතුන් වහන්සේලා මට හරි ප්‍රියයි. මං උන්වහන්සේලා ගැන හොඳට හිත පහදවාගෙන උන්නා. මං බොහෝම පිළිවෙළට දන්පැන් හදලා මහා සංඝයාට පූජා කළා. ඒ පිනෙන් මෙවැනි ලස්සනක් මට ලැබුනේ. මේ සම්පත් ලැබුනේ. මහානුභාව සම්පන්න ස්වාමීනී, මිනිස් ලෝකෙදි ඔය පින තමයි මං කරගත්තේ. දැන් ඒ නිසයි මං මේ සැප විඳින්නේ" මේකෙන් පේනවා මේ පින් කිරීම අපට කොච්චර උපකාරී වන දෙයක් ද කියන එක.

දෙව් විමනක අසිරිය....

ඒ වගේම ලස්සන කතාවක් තව දෙව් කෙනෙක් කියනවා. මට මේකට ආස හිතුනා. මේ දෙවියා කලින් ආත්මේ තිරිසන් ලෝකෙ එක්කෙනෙක්. බලමු කවුද කියලා. මුගලන් මහරහතන් වහන්සේ චාරිකාවේ වඩිද්දී මේ දෙවියව දැක්කේ. අහනවා මෙහෙම. "තාරුකාවන්ට අධිපති සස ලකුණෙන් යුතු පුන්සඳ වගෙයි. පුර පොහෝ දවසේ නැකැත් තරු පිරිවරාගෙන බබළන පුන්සඳ වගෙයි. මේ දිව්‍ය පුරේ තියෙන දිව්‍ය විමානෙ ඒ වගෙයි. හිරු නැගෙද්දි බබළනවා වගේ දිව්‍ය වර්ණයෙන් අතිශයින්

බබළනවා. වෛරෝඩි, රත්තරන්, පළිඟු, රිදී, මැසිරිගල්, මුතු මැණික් ආදියෙන් බබළනවා. වෛරෝඩි මැණික් තමයි බිමට අතුරලා තියෙන්නේ.

මේ රම්‍ය වූ කූටාගාරය (කූටාගාරය කියන්නේ උස් මුදුන් වහළ ඇති ගෙවල්) මේ ප්‍රාසාදය හරී අගෙයි. ඔබේ පැන් පොකුණු හරී ලස්සනයි. දිව්‍ය මාළු පීනනවා. (දිව්‍ය ලෝකෙ පැන්පොකුණු වල ගෝල්ඩ් ෆිෂ්ලා ඉන්නවා) වතුර ටික හරි අගෙයි. පොකුණ යට රත්තරන් වැල්ල. (කොච්චර ලස්සන ඇද්ද නේද?) ඒ පොකුණේ හැම තැනම ලස්සන සුදු නෙළුම් පිපෙනවා. සිනිඳු සුළඟ හමාගෙන යද්දී හරි මිහිරියි. ඒ පොකුණ දෙපැත්තේ හරි අපූරුවට හැදිලා තියෙනවා වන ලැහැබ. ඒ ගස්වල මලුත් තියෙනවා, පළතුරුත් තියෙනවා.

කවර පිනකින්ද ඔබට මේවා ලැබුනේ....?

ඒ මැද්දේ ආසනයක් තියෙනවා. ඒ ආසනය රත්තරනින් හැදුනු එකක්. සක්දෙව් රජු වගේ ඔබ එහි වාඩි වෙලා ඉන්දෙද්දී දිව්‍ය අප්සරාවෝ පැමිණෙනවා. පැමිණිලා ලස්සන මල්මාලා වලින් සැරසිලා ඔබ ඉදිරියේ නටනවා. (දැන් මේවා දිහා බලලනෙ ඉස්සර කෝවිල් වල දෙවිවරු ඉස්සරහා අපේ මනුස්ස ලෝකෙ අයත් ඇඳගෙන නටන්නෙ) බෙර හඬ ඇහෙනවා. සක් පිඹිනවා. මෘදංග බෙර වාදනය කරනවා. වීණා ගයනවා. පණාබෙර හඬ ඇහෙනවා. විවිධාකාර දිව්‍ය රූප, දිව්‍ය ශබ්ද, දිව්‍ය ගන්ධ, දිව්‍ය රස, දිව්‍ය පහස කියන මේ දිව්‍ය පංච කාමයන් ගෙන් ඔබ සැප විඳිනවා. පින්වත් දෙවිය, ඔබේ විමානය හිරුමඬල වගේ බබළනවා. මේ පුණ්‍ය විපාකය ඔබට ලැබුනේ කොහොමද? ඔබ කලින් ආත්මේ සිල් ර

ක්කද? ඔබ කලින් ආත්මේ මහා දන් දුන්නද? වැඳුම් පිදුම් කළාද?"

මිත්‍රයා, මාව උසුලාගෙන යන්න....

එතකොට කියනවා "ස්වාමීනී, ශාක්‍යවරුන්ගේ උත්තම නගරයට කියන්නේ කිඹුල්වත් පුරය කියලා. මං සුද්ධෝදන රජ්ජුරුවන්ගේ මාලිගාවේ උපන්නේ. ඒ සුද්ධෝදන රජ්ජුරුවන්ගේ පුතණුවන් වහන්සේ ඉපදිච්ච දවසයි මගේ ඉපදිච්ච දවසයි එකම දවස. මට තමයි කන්ථක කියන්නේ. එදා සිද්ධාර්ථ කුමාරයා මධ්‍යම රාත්‍රියේ බුදුබව පිණිස අබිනික්මන් කළා.

කුමාරයන් වහන්සේ ඉතා හොඳින් හසුරුවන ඒ තඹ පාට නියපොතු තියෙන මොළොක් අත් වලින් මගේ කලවට තට්ටු කළා. 'මිත්‍රයා, උතුම් සම්බෝධියට පත්වෙලා මේ දෙව් මිනිස් ලෝක සත්වයාව සසරින් එතෙර කරවන්න මං මේවා දාලා යනවා. මාව උසුලාගෙන පලයං' ඒ වචන ඇහෙද්දී මට මහා සතුටක් ඇතිවුනා. මගේ සිත පිනාගියා. මං මුළු හිතින්මයි උන්වහන්සේව පිළිගත්තේ. (බලන්න මේ සතෙකුගේ හිතට ඇතිවෙන එක. මේ මිනිස්සු නෙමෙයි මේ සතෙක් හිතපු විදිහ)

බෝසතුන් කෙරෙහි සිත පැහැදුනු ආනුභාවය....

මහා යසස් ඇති ඒ ශාක්‍ය පුත්‍රයන් වහන්සේ මගේ පිටේ නැග්ගා. මට හරී සතුටුයි. මං හරී සතුටින් ඒ පුරුෂෝත්තමයාව ඔසොවාගෙන ගියා. සිද්ධාර්ථ කුමාරයන් වහන්සේ රාජධානි තුනකින් ඈතට ගියා. උදේ

පාන්දර හිරු නැග එද්දි උන්වහන්සේ මාවත් ඡන්නවත් අත්හැරියා. කිසි බලපොරොත්තුවක් නැතුව මං බලාගෙන සිටිද්දී පිටත් වෙලා ගියා. සිද්ධාර්ථ කුමාරයාගේ තඹ පාට නියපොතු ඇති ඒ සිරිපා යුග මා දිවෙන් ලෙව කෑවා. මහාවීරයන් වහන්සේ වන පියසට පිවිසෙද්දී මං හඬ හඬා බලා හිටියා.

ශ්‍රීමත් වූ ශාක්‍යපුත්‍රයන් වහන්සේ මගේ දර්ශනයෙන් නොපෙනී ගියා. එතකොට ම මට ගොඩාක් අසනීප වුනා. එතනදී මගේ මරණය සිද්ධ වුනා. උන්වහන්සේ කෙරෙහි මගේ හිත පැහැදිච්ච ආනුභාවයෙන් මේ දිව්‍ය විමානය ලැබුනේ" බලන්න ඒ වෙද්දි බුදුකෙනෙක් නෑ. එතකොට කවුද හිටියේ? බෝසතාණන් වහන්සේ නමක්. බෝසතාණන් වහන්සේ කෙරෙහි පැහැදිච්ච ආනුභාවයෙන් දෙව්ලොව ඉපදුනා.

අලංකාර බුදුරැස් මාලාව....

දැන් මං කිව්වේ අපි බුදුරජාණන් වහන්සේට කොච්චර පැහැදුන සිතින්ද මේ සම්බුද්ධ රාජ මාලිගාවේ ලස්සනට පිළිමේ හැදුවේ? කී දෙනෙක් බැන්නද? අපහාස කළාද? ගැරහුවාද? කොච්චර පව් කරගත්තාද? දැකලා සතුටු වෙන්නනේ මේ ඔක්කොම අපි කරන්නේ. මට දවසක් හිතුනා ඒ බුදුරජාණන් වහන්සේගේ සිරස වටේ රැස්වළල්ලක් හයිකරන්න. එක රැස්වළල්ලක් අඩි නමයක් දිගයි. එතකොට රැස්වළලු දහනමයක් ඒකේ එනවා. ඉතින් ඒක අපි වෙබ්සයිට් එකේ දැම්මා විතරයි දවස් කීපයකින් ඔක්කොම බාරගත්තා. ඔන්න ඊයේ රැස්වළල්ල හදලා ඉවර කළා. අන්න බලන්න ගිහිල්ලා ලස්සන. හිත පහදවාගන්න ඕන ශාස්තෲන් වහන්සේ ගැන.

ලෝකනාථයන් වහන්සේ නමක් දකින්ට ලැබීම මොනතරම් දුර්ලභයිද....!

මෙයා කියනවා "ඒ පුණ්‍ය කර්මයේ ආනුභාවයෙන් තමයි මේ දිව්‍ය විමානය මට ලැබුනේ. මං දැන් මේ දිව්‍ය පුරේ සතුටු වෙමින් ඉන්නවා. මාගේ ශාක්‍යපුත්‍රයන් වහන්සේ සම්බුද්ධත්වයට පත්වුනා කියන ධර්ම ඝෝෂාව මටත් ඇහුනා. එතකොට මට ලොකු සතුටක් ඇතිවුනා. ඒ කුසල මූලයෙන් තමයි අමානිවන සාක්ෂාත් කරන්ට ඕනා. ස්වාමීනී, අපගේ ශාස්තෘන් වහන්සේ වෙත වඩිනවා නම් මගේ වචනයෙන් මගේ සිරසින් උන්වහන්සේට මා වන්දනා කරන බව සැලකරන්න. උන්වහන්සේ සමාන කෙනෙක් ලෝකේ නෑ. ඒ ජිනරාජයන් වහන්සේව බැහැදකින්න මාත් යනවා. අටලෝ දහමෙන් කම්පා නොවෙන ලෝකනාථයන් වහන්සේ නමක් දකින්ට ලැබීම මොනතරම් දුර්ලභයිද...!"

කන්ථක දෙව්පුතු සෝවාන් වුනා....

ඊට පස්සේ ලස්සන ගාථාවක් තියෙනවා. " කෙලෙහිගුණ දන්නා, කෙලෙහිගුණ දක්නා, කෙළෙහිගුණ හොඳින් හඳුනන ඒ කන්ථක දිව්‍ය පුත්‍රයා ශාස්තෘන් වහන්සේව බැහැදකින්ට ගියා. සදහම් ඇස් ඇති බුදුරජාණන් වහන්සේගේ ධර්මය අසා ඔහුට දහම් ඇස ලැබුනා. සක්කාය දිට්ඨි, විචිකිච්ඡා, සීලබ්බත පරාමාස නැති කරදැම්මා. සෝවාන් වුනා. ශාස්තෘන් වහන්සේගේ ශ්‍රී පාද පද්ම වන්දනා කොට ඒ කන්ථක දිව්‍යපුත්‍රයා එතනින් නොපෙනී ගියා"

කොයිතරම් ලස්සනද මේ සිද්ධි. මේ ලෝකෙ ඉතිහාසගත වෙච්ච සත්‍ය දේවල් මේවා. හැබෑවටම වෙච්ච දේවල්. මොකෝ දැන් වෙන්නෙ නැත්තේ ඒවා? ඇයි දැන් සුගතියේ යන්නෙ නැත්තේ? ඇයි මැරෙන මැරෙන අය අහුමුළු වල ඉන්නේ? කුස්සියේ ඉන්නේ? බත් මුට්ටියට අත දාන්නේ ඇයි? ඇයි දැන් තිසරණයට මොකද වෙලා තියෙන්නේ? අන්න දැන් තේරුම් ගන්න. දැන් සීලෙට මොකද වෙලා තියෙන්නේ? ඇයි භාග්‍යවතුන් වහන්සේ කෙරෙහි පහදින්න ඕන එකේ පහදින්නෙ නෑ. හිත පහදව ගන්න දක්ෂ වෙන්න ඕනෙ. හිත පහදවා ගන්නවා කියන්නේ සුළුපටු දෙයක් නෙමෙයි. ඒක මහා බරපතල දෙයක්.

මියුසිකල් ශරීරයක් ඇති දෙවඟන....

දැන් මේ බලන්න. සිත පහදවා ගැනීම ගැන මේ කියන්නේ. මුගලන් මහ රහතන් වහන්සේ මේක අහන්නේ. අපි මෙතෙක් කතා කළේ දිව්‍යපුත්‍රයො ගැන. මේ දිව්‍ය දුහිතෘ කෙනෙක්. "පින්වත් දෙව්දුව, ඔබ අතිශයින්ම ලස්සන රූපයකින් යුක්තයි. සියලු දිශා බබළන ඕෂධී තාරුකාව වගේ. ඔබ නටද්දී ඔබේ අඟපසඟින් ඉතා කම්කළු මනරම් නාදයක් නිකුත් වෙනවා. (මියුසිකල් ශරීරයක්)

ඔබ නටද්දි මේ අඟපසඟ වලින් සුවඳත් විහිදෙනවා. ඔබ නටද්දි ඔබේ සිරුර ලෙල දෙද්දි ඔබේ කේශ කලාපය නැටවෙද්දී පංචාංග තූර්යනාදය නිකුත් වෙනවා. (මියුසිකල් කොණ්ඩෙ) ඔබේ හිසේ මුදුන් මල් කළඹක් තියෙනවා. මඳ සුළඟින් ඒ මුදුන් මල් කළඹ සැලෙද්දී මිහිරි නාදයක් ඇහෙනවා. ඔබේ ලස්සන

මංජූසක වෘක්ෂය වගේ. පින්වත් දෙව්දුව, අපි අහන්නෙ මේකයි. ඔබට මේ වගේ සැප සම්පත් ලැබුනේ මොන පිනෙන්ද?"

විශාඛාවගේ යෙහෙළියක්....

එතකොට කියනවා "ස්වාමීනී, මං හිටියේ සැවැත් නුවර. මට බොහෝම හොඳ යෙහෙළියක් හිටියා. ආර්ය සඟරුවන උදෙසා ඇය මහා විහාරයක් කෙරෙව්වා. මං ඒ ගැන ගොඩාක් සතුටු වුනා" ආන්න.... දැන් මේ සම්බුද්ධ රාජ මාලිගාව මේ කාලේ හදපු එක ගැන ගොඩාක් සතුටු වෙච්ච අය ඉන්නවා. ඒ අයට ඒක ලැබෙයි. මේකට ගරහ ගරහ හිටිය අය ඉන්නවා. ඒකට ඒක ලැබෙයි. අපිට කරන්න දෙයක් නෑ ඉතින්. ඒක ලැබේවා කියලා අපි පතන්නෙ නෑ.

කියනවා "මං ඒ ගැන ගොඩාක් සතුටු වුනා. මං ඒ ප්‍රාසාදය මගේ දෑහින් දැක්කා. මටත් ඒ සඟරුවන ගැන හරී පැහැදීමක් තියෙනවා" එතකොට මේ උපාසිකාවට ශ්‍රද්ධාව තිබුනා. හැබැයි යමක් කරකියාගන්න ධනයක් තිබුනේ නෑ. "මං ඒ පින අනුමෝදන් වුනේ ස්වාමීනී, පිරිසිදු සිතින්මයි. මට මේ පුදුම සහගත දිව්‍ය විමානය පහළ වුනේ ඒ නිසා. මගේ පුණ්‍ය ඉර්ධියෙන් පහළ වුන මේ දිව්‍ය විමානය සොළොස් යොදුනක් පුරා ගමන් කරනවා. (යොදුන් දාසයක්. කිලෝමීටර් එකසිය හැටක්)

වෙන කෙනෙකුගේ පිනක් අනුමෝදන් වීමෙනුත් සැප ලබන්න පුළුවන්....

මේ දිව්‍ය විමානය සුවිශාල මන්දිරයක්. අපූරුවට කාමර බෙදලා තියෙනවා. සතර දිග්භාගයේ කාමර

දිලිසෙනවා. පැන් පොකුණු තියෙනවා. පතුලේ තියෙන්නේ රත්තරන් වැලි. වතුර ටික නිල් පාටයි. දිව්‍ය මාළු රංචු පීනනවා. සුලඟ හමනවා. කොස් තියෙනවා. ජම්බු තියෙනවා. එක එක ගස් ජාති පහළ වෙලා තියෙනවා. මේ ආකාරයේ හැම අතින්ම දර්ශනීය ආලෝකමත් විමානයක් මට ලැබුනේ මං පින් කරපු නිසා"

එතකොට මුගලන් මහ රහතන් වහන්සේ අහනවා "භවතී, ඔබේ ඒ පිරිසිදු පුණ්‍යානුමෝදනාවෙන් (ඒ කියන්නේ ඒ පින දැකලා ඒ පිනට සතුටු වීම නිසා) මේ දර්ශනීය විමානය ලැබුනා. එතකොට අර විහාරය පූජා කරපු ස්ත්‍රිය ඈ කොහෙද උපන්නේ කියලා ඔබ දන්නවාද?" අහනවා. "ස්වාමීනී, ඈ මගේ යෙහෙළිය නොවැ. ඈ නොවැ මහා සංඝරත්නයට ඒ මහා විහාරය පූජා කළේ. ඈට චතුරාර්ය සත්‍යය ගැන අවබෝධයකුත් තිබුනා. ස්වාමීනී, ඈ උපන්නේ නිම්මාණරතියේ. ඈ තමයි නිම්මාණරතියේ සුනිම්මිත දෙව්රජුගේ අග්‍රමහේෂිකාව. (කවුද? විසාඛා දෙවඟන) ඇගේ පුණ්‍ය විපාකය නම් සිතෙන් සිතාගන්ටවත් බෑ. ඈ කොහෙද උපන්නේ කියලා ඔබවහන්සේ මගෙන් ඇහුවනේ. ඒකයි මං කිව්වේ"

බණ ඇසිය යුත්තේ සිත පහදවාගෙනයි....

ඊට පස්සේ කියනවා. "ඒ නිසා අනිත් උදවියවත් කුසල් දහම් වලමයි සමාදන් කරවන්නට ඕනා. සතුටු සිතින් ආර්ය සංඝයාට දන්පැන් පූජා කරන්ට ඕනා. සිත පහදවාගෙන මයි බණ අසන්න ඕන. මේ මනුස්ස ජීවිතය කියන්නේ අතිශයින්ම දුර්ලභව ලැබෙන එකක්" ඊළඟට මේකේ තව එකක් කියනවා. "භාග්‍යවතුන් වහන්සේ තනි රත්තරන් පාටයි" බුදුරජාණන් වහන්සේ මොන පාටද

එතකොට? රත්තරන් පාටයි. ඊට පස්සේ කියනවා " මධුර වූ බ්‍රහ්මස්වරයෙන් උන්වහන්සේ බණ කියන්නේ. ඒ නිසා යම් කෙනෙකුට පූජා කරන දානය මහත්ඵල මහානිසංස උපදවයිද, ඒ දානය පූජා කරගන්ට ඕනා ආර්ය සංඝරත්නයටයි.

පුද්ගලයෝ අටදෙනෙක්ය හොඳ අය පසසන....

බුද්ධාදී සත්පුරුෂයන් වහන්සේලා ප්‍රශංසා කරන ආර්ය පුද්ගලයන් අට දෙනෙක් ඉන්නවා" කවුද ඒ? සෝවාන් මාර්ගයේ ගමන් කරන කෙනා. සෝවාන් ඵලයට පත්වූ කෙනා. සකදාගාමී මාර්ගයේ ගමන් කරන කෙනා, සකදාගාමී ඵලයට පත්වූ කෙනා. අනාගාමී මාර්ග යේ ගමන් කරන කෙනා. අනාගාමී ඵලයට පත්වූ කෙනා. ඊළඟට අරහත් මාර්ගයේ ගමන් කරන කෙනා. රහතන් වහන්සේ. මේ තමයි සංඝරත්නය. "ඒ තමයි ඍජු සිත් ඇති ආර්ය සංඝ රත්නය. උන්වහන්සේලා ප්‍රඥාසම්පන්නයි. සීලසම්පන්නයි. සමාහිත සිතින් යුක්තයි. දන්පැන් පුදන මිනිස්සු ඉන්නවා. පින් අපේක්ෂාවෙන්මයි ඔවුන් දන් දෙන්නේ. ඒ ආර්ය සංඝයාට පූජාකරන දානයයි මහත්ඵල මහානිසංස වෙන්නේ.

ආර්ය සංඝයාට පූජා කරන දක්ෂිණාව මහත්ඵලයි....

මේ ආර්ය සංඝයා මහානීය ගුණයෙන් යුක්තයි. මැනිය නොහැකි ගුණයෙන් යුක්තයි. මහාසාගර ජලය වගෙයි. නරවීරයන් වහන්සේගේ ධර්මය බෙදා දෙමින්

ලෝකය එළිය කරන්නේ ඒ ශ්‍රාවකයන් වහන්සේලා. අන්න ඒ ශ්‍රාවක සංඝයාට දන්පැන් පූජා කරගත්තොත් නිසි තැනට පූජා කළා වෙනවා. ඒක තමයි හරි විදිහට පූජ කරපු දේ. ඒක තමයි නියම විදිහට කරගත්තු හැබෑ යාගය. ලෝකවිදූ වූ බුදුරජාණන් වහන්සේ වර්ණනා කොට තිබෙන්නේ ආර්ය සංඝායට පූජා කරන දක්ෂිණාව මහත්ඵලයි කියලා. එවැනි ආර්ය සංඝයා උදෙසා දානය දෙන්ට ඕන. මසුරුමල මුළුමනින් ම දුරු කරලා ලෝකෙ ජීවත් වෙන්න පුළුවනි. නින්දා රහිත වූ ස්වර්ග ලොවෙහි උපදින්නත් පුළුවනි"

සත්පුරුෂයා හඳුනාගන්න....

එතකොට දැන් බලන්න පින්වත්නි, මේ වගේ ජීවිතයට පින් රැස් කිරීමේදී මුල් වෙන්න ඕනෙ මොකක්ද එතකොට? සිත මුල් වෙන්න ඕනෙ. සිත පහදවාගන්න ඕනෙ. හිත පහදවා ගැනීමේදී ගොඩාක් අපිට උදව් වෙන්නේ සත්පුරුෂ ආශ්‍රය. සත්පුරුෂයාගේ ස්වභාවය මොකක්ද? බුදුරජාණන් වහන්සේ කෙරෙහි සිත පහදවනවා. ධර්මය කෙරෙහි හිත පහදවනවා. ආර්ය මහා සංඝයා කෙරෙහි හිත පහදවනවා.

පුද්ගලික දානයේ සහ සාංඝික දානයේ වෙනස....

තවත් එකක් මට හම්බ වුනා. ඒකේ තියෙන්නේ එකම පවුලේ අක්කා නගෝ දෙන්නෙක් ගැන. ඒ කාලේ තිබුනනෙ බහුභාර්යා විවාහ. එක ස්වාමියාට බිරින්දෑවරු කීපදෙනෙක්. ඒ වගේ එකම ස්වාමියාට බිරින්දෑවරු දෙන්නෙක් හැටියට අක්කයි නංගියි හිටියා. ඉතින් නංගි

දවසක් ගිහිල්ලා 'ස්වාමීනී, හෙට දානෙට මට සංඝයා අට නමක් දෙන්න' කිව්වා. අට නමක් දුන්නා. එදා රේවත මහ රහතන් වහන්සේ ඒ නංගිට කියලා තියෙනවා 'අට නමකට දෙනවා කියලා දෙන්න එපා. ආර්ය සංඝයාට කියලා දෙන්න' කිව්වා.

අක්කත් දානෙ දෙනවා. එක නමක් වඩම්මලා දෙනවා. දෙනමක් වඩම්මලා දෙනවා. හතර නමක් වඩම්මලා දෙනවා. එහෙම දුන්නා මිසක් සංඝයා කියලා දුන්නෙ නෑ. ඒ නිසා මොකද වුනේ? අර සංඝයා උදෙසා දීපු කෙනා ගියා නිම්මාණරතියේ. සංඝයා උදෙසා නැතුව වෙන වෙනම බොහෝ දානෙ දීපු අක්කා තව්තිසාවට ගියා. ඒ කතන්දරෙත් මේකේ තියෙනවා.

මේ ඉන්න තැනට වඩා හොඳ තැනකට යාගන්න ඕන....

දැන් දිව්‍ය සැප ලබන්න තෘෂ්ණාවට කරන කතාවක් නෙමෙයි මේ. මේ කියන්නේ අපට දැන් මේ ඉන්න තැනින් යම්කිසි මට්ටමකින් මීට වඩා හොඳ තැනකට යායුතුයි නේද? මීට වඩා හොඳ තැනකට යන්න අපේක්ෂාවක් නැත්නම්, ඒ කියන්නේ දැන් අපි ගත්තොත් කෙනෙක් තිසරණයේ හොඳට පිහිටලා ඉන්නවා. සීලයත් හොඳට තියෙනවා. දානෙත් දෙනවා. විදර්ශනාත් වඩනවා. එයාට දිව්‍ය ලෝකෙ යන්න අපේක්ෂාවක් නෑ. මනුස්ස ලෝකෙ ඉන්න අපේක්ෂාවකුත් නෑ. මේක කරගෙන යනවා. හැබැයි එතකොට සම්පූර්ණයෙන්ම එයාගේ චේතනාවේ මෙහෙයවීමක් නෑ ඉපදීම පිණිස. අපේක්ෂාවක් නැතුව එයා ඒක කරද්දී එයා ආපහු කැරකිලා මනුස්ස ලෝකෙට වුනත් එන්න පුළුවන්.

මනුලොව අවදානම් තත්වය....

මොකද බුද්ධ දේශනාවක් තියෙනවා. "**ඉජ්ඣති භික්ඛවේ සීලවතෝ චේතෝපණිධි**" "මහණෙනි, සිල්වතාගේ චිත්ත අධිෂ්ඨානය ඉෂ්ට වේ" කියලා. එතකොට මේ වගේ එයා අධිෂ්ඨානයක් සකස් කරගෙන නැත්නම් එයා ආයෙමත් කැරකිලා මනුස්ස ලෝකෙට එන්න පුළුවන්. හැබැයි මනුස්ස ලෝකෙ දැන් තියෙන අවදානම් තත්වය ඉදිරියේ එයා ආර්ය මාර්ගයට වැටෙන තත්වයට ප්‍රඥාව දියුණු වෙලා නැත්නම් එයා නොමග යන්න බැරිද? නොමග යන්න පුළුවන්. එතකොට ආයෙත් ඒ සියල්ල අහිමි වෙන්න පුළුවන්.

සමහර කෙනෙක් ඉන්නවා එහෙම ලොකුවට අවබෝධයකුත් නෑ. 'අනේ මං නම් දිව්‍ය ලෝකෙ යන්නෙ නෑ. මම නම් අරහෙ යන්නෙ නෑ. මෙහේ යන්නෙ නෑ. මම නම් නිවන් ප්‍රාර්ථනා කරගෙනමයි ඉන්නේ. මට නම් කිසී භවයක උපතක් එපා. මම නිවන් පතාගෙන ඉන්නේ' කියලා කියන අය ඉන්නවා. ඒ ගැන මොකක්ද අපිට කියන්න තියෙන්නේ? ඒ ගැන කියන්න තියෙන්නේ එයා ධර්මය දන්නේ නෑ කියන එකයි. මොකද හේතුව? ධර්මය දන්න කෙනා ආර්ය අෂ්ටාංගික මාර්ගය දන්නවා.

ඉක්මනට නිවන් දකින්න ඕන කියලා ගෙදරට වෙලා ඉන්නවා....

මට මේ ළඟදිත් එක්කෙනෙක් 'මට නම් ඉක්මනට නිවන් අවබෝධ කරන්නයි ඕන' කිව්වා. කියලා ගෙදරට වෙලා ඉන්නවා. එහෙනම් ඉතින් ගේ අතඇරලා යන්න එපායැ. මහණ වෙන්න එපැයි අඩුගානේ එච්චර හදිස්සි නම්. එහෙමත් නෑ. මහණ වුනත් ආර්ය අෂ්ටාංගික

මාර්ගය උපද්දවලා මේ මාර්ගයේ යනවා කියන එක තමයි මේ කාලේ තියෙන අසීරු දේ. ඒක අසීරු නැත්තම් බුදුකෙනෙක් පහළ වෙයිද? එහෙනම් හැමෝටමත් හැම කාලෙකමත් පුළුවන් වෙන්න එපායැ.

මට මේ ළඟදි මහත්තයෙක් කිව්වා. ඒ මහත්තයා භාවනා කරගෙන ගියහම නිකම් එඤ්ඤු ගෙඩියේ පොත්ත ගැලවිලා යනවා වගේ එක එක ගැලවි ගැලවි ගිහිං එකපාට නිකම් ශූන්‍ය වෙලා ගියා කිව්වා. ඒ මොකක්ද? මං කිව්වා ඒක නිකම් සමාධියක්. ඒක මාර්ගඵල නෙමෙයි කිව්වා. මම කියාදෙන්න හිටපු නිසා හොඳයි. අපි කියමු ධර්මයත් ඉගෙන ගත්තු කෙනෙක් ඉන්නවා. නමුත් භාවනාව ගැන දන්නෙ නැති කෙනෙක්. එයාට මොකක් හරි ඔය වගේ වෙනවා. සමාධියක් එනවා. එතකොට එයා මොකක්ද හිතන්නේ? මාර්ගඵල වලට පත්වුනා කියලා.

නොපෙනෙන ලෝකෙ අයත් රැවටෙන්න පුළුවන්....

නොපෙනෙන ලෝකෙ අය රැවටෙන්න බැරිද සාමාන්‍ය මනුස්සයන්ගේ මාර්ගඵල ගැන? මට එක ස්වාමීන් වහන්සේ නමක් හම්බ වුනා. උන්වහන්සේ භාවනා කරහම කෙනෙක් ඇවිල්ලා වැඳලා කියනවලු ඔබවහන්සේ රහත් කියලා. ඉතින් මං ඒ ස්වාමීන් වහන්සේට කිව්වා 'ඕක පිළිගන්න එපා. ඔය ඒ කවුරුහරි ඉන්න දෙවියා පැහැදීමට කියන කාරණයක්' දැන් අපි ගත්තොත් ස්වාමීන් වහන්සේ නමක් හෝ කවුරුහරි නිකම් ශාන්තව ගියොත් අපි කියන්නෙ නැද්ද රහතන් වහන්සේ නමක් වැඩියා වගේ ලස්සනට වැඩියා කියලා. කියනවා. ඒ මොකක්ද ඒ? පැහැදීම.

සමහරු කොච්චර පැහැදිලි කරලා කිව්වත් පිළිගන්නෙ නෑ....

ඒ වගේ මට හම්බ වෙලා තියෙනවා සමහර උපාසිකාවෝ. එක උපාසිකාවක් ඇවිල්ලා කිව්වා එයා භාවනා කර කර ඉන්දෙද්දි විෂ්ණු දෙවියෝ මල්මාලයක් දැම්මා කියලා. ඒ දෙවියගෙන් ඇහුවලු ඇයි මේ මාලේ දැම්මේ? අනාගාමී කිව්වලු ඔබතුමිය. ඉතින් ඒ අම්මට ඒක හිතින් අස්කරගන්න අපි කරුණු කිව්වා. හරි ගියේ නෑ. ඒ කියන්නේ හිතේ මායාව පිළිගත්තු ගමන් ඒක අතඅරින්නෙ නෑ. ඒක තමයි සක්කාය දිට්ඨියේ ස්වභාවය.

ඇයි වර්තමානයේ අමනුස්සයන්ටත් එහෙම හැකියාවක් නැහැනේ තෝරගන්න. එතකොට ඒගොල්ලෝ කරන්නෙත් මිනිස්සුන්ට කියනවා ඔබ අසවල් මගඵලේ කියලා. ඒ වගේ මට හරියට පිරිස් මුණගැහිලා තියෙනවා මාර්ගඵල කතා කරන. පස්සෙ පස්සෙ මං ඔය මාර්ගඵල වලට තැනක් දුන්නෙ නෑනෙ. ඊට පස්සේ කතා කරන අය මගේ ළඟට එන්නෙ නෑ. ඇයි මං තැන දෙන්නේ නැති නිසා.

ගුණධර්ම තියෙන්නේ අනුන්ගෙන් පිළිග ැනීමක් ලබාගන්න නෙමෙයි....

නැත්නම් ඊට පස්සේ කියනවා 'මං අසවල් හාමුදුරුවෝ ගාවටත් ගියා. උන්වහන්සේත් පිළිගත්තනෙ. ඇයි උඹලට බැරි පිළිගන්න' එහෙමනෙ වෙන්නේ. ධර්මය තුළ අපේ මොනවහරි ගුණධර්මයක් ඇතිවෙනවා නම් ඒ ගුණය තියෙන්නේ තවත් කෙනෙකුට කියලා පිළිග න්නව ගන්නද? ඒකේ ලාභයක් නෑ. අපිට තියෙන්නෙ

බුදුරජාණන් වහන්සේ කෙරෙහි හිත පහදවාගන්න බුද්ධ වචනය පෙන්නන එකයි. ඊළඟට ධර්මය කෙරෙහි හිත පහදවාගන්න මේ ධර්මය පෙන්වා දෙන එක. ශ්‍රාවක සංඝයා කෙරෙහි හිත පහදවාගැනීම පිණිස ශ්‍රාවක සංඝයා ගැන පෙන්වා දීමයි.

මිනිස්සු ආස ඒකට නෙමෙයි....

හැබැයි මිනිස්සු ආස ඒකට නෙමෙයි. මිනිස්සු ආස මොකේටද? මිනිස්සු ආස බලන්නයි. 'මේ කාලේ රහතුන් ඉන්නවාද? මාර්ගඵලලාභීන් ඉන්නවාද? උපාසකවරු ඉන්නවාද?' කියලා අහන්නයි මිනිස්සු ආස. එහෙම වෙනකොට මොකද වෙන්නේ? එහෙම අය මේ ධර්මයට ආස නෑ. ධර්මය ගැඹුරින් ඉගෙන ගන්න ඕන කමකුත් නෑ. ඒගොල්ලන්ට ඕන සතුටක් ලබන්නයි 'අපි රහතන් වහන්සේ නමකට, නැත්නම් මාර්ගඵලලාභී කෙනෙකුට දානයක් දුන්නා. අපි මාර්ගඵලලාභී කෙනෙකුට පිරිකර පූජා කළා. අපි මාර්ගඵලලාභී කෙනෙක් වන්දනා කළා' ඒ වගේ සතුටක් ලබන්න. එයාගේ ධර්මයේ හැසිරිල්ල එතනින් සමාප්තයි.

රූපය නිසා නොමග යන මිනිස්සු....

මේක එහෙම යන්න බෑ. මේකේ යාමේදී සාමාන්‍යයෙන් මනුස්සයෙකුට තියෙන්න ඕන දෙයක් තියෙනවා. ඒක මේ වගේ එකක්. අපි ගමු මෙහෙම. අපි කියමු අපි පතනවා ලස්සන රූපයක්. ඔබ දැකලා තියෙනවාද මේ ලෝකෙ ලස්සන රූප තියෙන ස්ත්‍රීන් ඉන්නවා. ලස්සන රූප තියෙන පුරුෂයන් ඉන්නවා. ඒගොල්ලන්ට රූපෙ නිසා මක්වුනාද? නළුවො වුනා. ඊළඟට නිළියො වුනා.

ඒගොල්ලෝ ලස්සනට ඇවිදගෙන ගියා අර පූස්ග මන (catwalk). වේදිකාවේ සුද්දියො අමුඩ ගහගෙන ඇවිදිනවා දැකලා තියෙනවා නේද ඔයගොල්ලෝ? කකුල් එහාට මෙහාට තිය තිය ඇවිදින්නේ. ඒකට කියන්නේ කැට්වෝක් කියලා. ඒ අර ලස්සන රූපයේ ප්‍රතිඵල. ලස්සන රූපයක් පැතුවොත් එතනින් ඉවරයි. ඊට පස්සේ එයාගේ පින ඉවර වේගෙන යනවා. ඒ රූපෙ නිසාම එයා බොහෝ අකුසල් රැස් කරනවා. රැස් කරලා දුගතියේ යනවා.

හඬ නිසා නොමග යන මිනිස්සු....

තව කෙනෙක් ලස්සන හඬක් ප්‍රාර්ථනා කරනවා. ඒ හඬ නිසාම එයා දූෂිත වෙනවා. වැරදි කාම සේවනයේ යෙදෙනවා. හඬ නිසාම මත්පැන් පානය කරනවා. දුෂ්චරිතයකට ලක්වෙනවා. එහෙම වෙන්න බැරිද හඬ මිහිරි අයට? පුළුවන්. එහෙනම් හඬටත් ඒක වෙලා තියෙනවා. අපි ගමු කෙනෙක් පතනවා ගොඩක් සල්ලි. ඔන්න ගොඩාක් ධනවත් පවුලක එයා උපදිනවා. ධනය නිසාම එයා විනාශ වෙන්න බැරිද? ධනය නිසාම එයා විනාශ වෙනවා. එහෙනම් රූපයක් ප්‍රාර්ථනා කළත් ඒ ප්‍රාර්ථනා කරන දේම තමන්ගේ විනාසය සපයනවා. මිහිරි හඬක් ප්‍රාර්ථනා කළත් ඒ ප්‍රාර්ථනා කරන හඬම තමන්ගේ විනාසය සපයනවා. ධනයක් ප්‍රාර්ථනා කළත් ඒ ධනයම තමන්ගේ විනාසය සපයනවා.

දුප්පත්කම නිසාත් මිනිස්සු නොමග යනවා....

අපි කියමු බලසම්පන්න කෙනෙක් වෙන්න, රටක නායකයෙක් වෙන්න ප්‍රාර්ථනා කරනවා කියලා.

එතකොට මොකද වෙන්නේ? ඒකත් විනාසයට හේතු වෙනවා. එහෙනම් ඒකත් ප්‍රාර්ථනා කරලා වැඩක් නෑ. තව කෙනෙක් උගත්කම ප්‍රාර්ථනා කරනවා. උගත්කම නිසාත් මිනිස්සු පව් කරගන්නෙ නැද්ද? බොහෝ පව් කරගන්නවා උගත්කම නිසා. අපි කියමු ඒ මුකුත් නෑ දුප්පත්. දුප්පත්කම නිසා පව් කරගන්නෙ නැද්ද? ගොඩාක් පව් කරගන්නවා. රූපයක් නෑ විරූපියි. ඒ විරූපී බව නිසා පව් කරගන්නෙ නැද්ද එයා? පව් කරගන්නවා.

පැතිය යුත්තේ ප්‍රඥාවයි....

එහෙනම් ඒ ප්‍රාර්ථනා කරන එකක්වත් ප්‍රාර්ථනා කරන්න ඕන දේවල් නෙමෙයි. එහෙනම් අපි ප්‍රාර්ථනා කළයුත්තේ මොකක්ද? ප්‍රඥාව. ප්‍රඥාව විතරයි පුද්ගලයාව පිරිහෙලන්නේ නැත්තේ. චතුරාර්ය සත්‍යය ලැබෙන්නේ ප්‍රඥාවන්තයාට විතරයි. බුදුරජාණන් වහන්සේ දේශනා කළේ කොහොමද? "**පඤ්ඤාවන්තස්සායං ධම්මෝ**" මේ ධර්මය ප්‍රඥාවන්තයින්ටයි. එහෙනම් දැන් තියෙන්නේ මොකේ අහේනියද? ප්‍රඥාවේ අහේනිය මේ තියෙන්නේ. ප්‍රඥාවෙන් කළයුතු දේ කරගන්න බැරි ඒ නිසයි.

එහෙනම් අපි ආස කරන්න ඕනෙ ප්‍රඥාවටයි. දෙවියන් අතර අපි උපදිනවා නම් උපදින්න ඕනෙ ප්‍රඥාවන්ත දෙවියෙක් වෙලා. බැරිවෙලාවත් මිනිසුන් අතරට එන්න වුනොත් ප්‍රඥාවන්ත මනුස්සයෙක් වෙලා. එහෙනම් අපි ආස කරන්න ඕනෙ මනුස්ස ජීවිතෙත් නෙමෙයි. දිව්‍ය ජීවිතෙත් නෙමෙයි. මොකක්ද? ප්‍රඥාවන්ත ජීවිතේ. ඒ ප්‍රඥාවෙන් තමයි ආර්ය සත්‍යය අවබෝධ කරලා දෙන්නේ.

මනුෂ්‍යයාගේ මාණික්‍යය ප්‍රඥාවයි....

සමහර බොහෝම දිළිඳු අම්මලා, බොහෝම දුකසේ ජීවත් වෙච්ච අය මේ ප්‍රඥාව නිසා තමයි දුක අවබෝධ කරලා තියෙන්නේ. දුකට හේතුව ප්‍රහාණය කරලා තියෙන්නේ. දුක් නිරුද්ධ වෙන මාර්ගය දියුණු කරලා තියෙන්නේ. නිවන සාක්ෂාත් කරලා තියෙන්නේ. ඒ ඔක්කොම ප්‍රඥාවෙන් කරපු ඒවා. ප්‍රඥාවට මූලික වෙන්නේ යෝනිසෝ මනසිකාරය. යෝනිසෝ මනසිකාරයයි ප්‍රඥාවයි අතර තියෙනවා වෙන් කරන්න බැරි සම්බන්ධයක්.

දැන් යෝනිසෝ මනසිකාරය මනුෂ්‍යයාට නැති නිසා මේ කාලේ යෝනිසෝ මනසිකාරයේ යෙදෙනවා කියලා මනුස්සයා කරන්නේ මොකක්ද? තර්ක කරනවා. හරියට මං දැකලා තියෙනවා එක එක විදිහට තර්ක කර කර මත ගොඩනගනවා. හිතන්නෙ ඒක ප්‍රඥාව කියලා. ඒක ප්‍රඥාව නෙමෙයි. ප්‍රඥාව නම්, යෝනිසෝ මනසිකාරය නම්, එතනදි එක දෙයක් වෙනවා. මොකක්ද? කුසල් උපදිනවා. අකුසල් නැති වෙනවා.

තර්ක කිරීම කියන්නේ ප්‍රඥාව නෙමෙයි....

තර්ක කිරීම තුල කුසල් උපදින්නෙත් නැත්නම්, අකුසල් ප්‍රහාණයකුත් නැත්නම්, අර්බුදයක් උපද්දවනවා නම්, එහෙනම් ඒක යෝනිසෝ මනසිකාරයක් නෙමෙයි. අපි ඒකයි ඔය බාහිර පොත්පත් එහෙම වැඩිය කියවන්න එපා, බුද්ධ දේශනාම කියවන්න කියලා කියන්නේ. මොකද හේතුව, ගලප ගලප තර්ක කර කර අරක මෙහෙමයි මේක මෙහෙමයි කිය කිය කාටද කියන්න බැරි? ඕන කෙනෙකුට පුළුවන් ගලප ගලප තර්ක කරන්න.

නමුත් එහෙම වුනා කියලා කුසල් අකුසල් පිළිබඳ ගැටලුව විසඳෙන්නෙ නැත්නම්, ඒක හඳුනගන්නත් බැරිනම් එතන ප්‍රඥාව නෑ. ප්‍රඥාව ඇතිකරගැනීම තමයි මෙකල මනුස්සයන්ට තියෙන ලොකුම අපහසුතාවය. ඒක තමයි නොහැකියාව. ඒ ප්‍රඥාව ඇතිකරගන්න අපට උදව් වෙන්නේ බුද්ධ දේශනා නිතර නිතර අහන්න ඕනෙ. බුද්ධ දේශනා කියවන්න ඕනේ.

පරලොවට සම්පූර්ණයෙන් බලපාන්නේ මෙලොව ජීවිතය ගත කරන ආකාරයයි....

දැන් ඔන්න අද උදේ ඔබ ඉගෙන ගත්තේ පරලොව විස්තරයක්. දැන් ඉගෙන ගත්තෙත් පරලොව විස්තරයක්. හැබැයි ඒ පරලොවට සම්පූර්ණයෙන් බලපෑවේ මොකක්ද? මෙලොව ජීවිතය. දැන් මේ හැම තැනම නිතර නිතර කියන එකක් තමයි තිසරණය. ඊළඟට ඉන්ද්‍රිය සංවරය, සීලය, ඊළඟට දානය, ක්‍රෝධ නොකිරීම. මේවා මොනවද? ගුණවත් කම්. ඉතින් ඒ නිසා මේවා හොඳින් තේරුම් අරගෙන, ගුණවත්කම් දියුණු කරගෙන, අපට ධර්මයේ හැසිරෙන්න වාසනාව ලැබේවා!

සාදු! සාදු!! සාදු!!!

මහාමේඝ ප්‍රකාශන

21. නන්ද මහරහතන් වහන්සේ

- **ඉංග්‍රීසි භාෂාවට පරිවර්තනය වී ඇති ධර්ම දේශනා ග්‍රන්ථ :**

- **ඉංග්‍රීසි භාෂාවට පරිවර්තනය වී ඇති සදහම් සිතුවම් පොත් :**

01. Chaththa Manawaka
02. Sumana the Novice monk
03. Stingy Kosiya of Town Sakkara
04. Kisagothami
05. Kali She-devil
06. Ayuwaddana Kumaraya
07. Sumana The Florist

www.ingramcontent.com/pod-product-compliance
Lightning Source LLC
Chambersburg PA
CBHW070543030426
42337CB00016B/2327